环球奢侈品

郝红梅 编著

吉林人民出版社

前言

在远古时代，香水被看做是神的发明，只有王公贵族才有资格享用，因此香水从诞生之日起就被贴上了奢侈品的标签。直到上个世纪，当雅诗兰黛的“青春之露”开创了香水生活化的先河后，香水开始成为不可或缺的时尚用品。

如今，香水产业中已经拥有了不计其数的品牌，然而那些顶级的香水无一不是从世界各地搜罗的珍稀原料并加以提炼而成。比如一瓶让·巴度的具有70多年历史的“喜悦”香水仅30毫升，就需要至少10多万朵格拉斯茉莉和300多朵保加利亚玫瑰，而克莱夫基斯汀的“皇家尊严”香水则是由印度茉莉、德国玫瑰等170种花卉精心配制而成……这种高标准的品质要求使得这些香水成为极品，它们无形、无色、无属性，却比声音和景象更能触动世人的心弦。与那些虽热卖但平庸的香水相比，“皇家尊严”、“一千零一夜”、“鸦片”、“逐梦翎雀”、“香奈儿5号”等一款款经典香水，从诞生之日起就注定只能为少数人所享有。这些顶级香水的芬芳能一下子攫取我们的灵魂，让我们的呼吸在瞬间也变得奢侈起来。

很多人认为香水只是锦上添花的装饰品，其实，香水为我们制造了一条审美标准，渗透到我们的身体、思想与行为中，它与我们如影随形，看似漫不经心却又不可或缺，它绝不是没有生命力的附属品，而是在无声无息间泄露着我们的文化修养以及生活品位。

由于原料与配方的迥异，不同的香水有着不同的风格。如果你想体会奢华，可以花 100 多万元人民币去购买一瓶被《吉尼斯世界纪录》认定的世界上最昂贵的“皇家尊严”；如果想找到一款别人无法模仿制造的香水，那么毕坚是最好的选择；如果你不想与别人撞香，最好的办法是去克雷德定制一瓶 3 万美元起价并享有一年独享权的私人调配香水；如果你想亲身体会调配香水的美妙，不妨去娇兰的旗舰店里挑选自己最中意的瓶子现场灌装 2 万欧元的特制香水……

如果说恰当地使用香水是一门学问，那么选择什么样的香水就是选择了什么样的生活方式。那些选用最珍贵的原料，使用最精湛的工艺调配而成的经典香水给予世人的绝非仅仅是一种嗅觉体验，它们会让人们在香氛中感受到穿越历史的文化和奢华。

一直以来，香水在世间男女中施展着浪漫魔法，它不仅是一种气味，更是一种文化。每一个顶级香水品牌背后都蕴藏着让我们感动的人文精神，每一款经典香水都象征着一种生活主张，而每一瓶华贵香水都有自己的灵魂，在执著地等待着一个人将其带走，将它涂抹在手腕、耳垂或脖颈上，让它自然挥发，当它与主人的肌肤气息融合后就有了真正的生命。我们永远无法预知，它所汇集的能量会让使用者发生怎样超乎想象的华丽蜕变。

目 录
CONTENTS

作为英国著名的香水品牌，克莱夫基斯汀带有非常鲜明的奢华印记，其生产的“皇家尊严”曾经获得《吉尼斯世界纪录》颁发的证书，被正式认定为世界上最贵的香水。

不提到法国娇兰，香水历史是无法书写的。五代香水师，180 年的香水制造经验，娇兰称得上是当之无愧的香水世家，傲然地盛开在每一个繁华时代。从 1828 年娇兰在巴黎开设了一家香水专营店开始，它就注定要成为一个跨越时空的华美传奇。

作为把香水带入时尚界的先锋之一，香奈儿为世人营造了一次又一次嗅觉上的盛宴。你永远无法预知，香奈儿所汇集的芳香力量会让你瞬间拥有怎样超乎想象的改变。

对一个香水品牌而言，皇室贵族的青睐无疑是一块金字招牌，佛罗瑞斯这一为英国王室服务了八代的香水世家，不仅历史悠久，其品质更是无可挑剔。

目　录
CONTENTS

目录 CONTENTS

当公主遇见了王子，世界上便有了童话和爱情；当现实遇见憧憬，生活便多了希望和期待；当香水遇到了梦幻，人间便有了让人惊艳的洛俪塔，一旦与之相交，你将无可救药地迷恋上它。

作为意大利华丽冷艳风格的代表，杜嘉班纳的香水超越了传统意识形态和文化界限，成为极致奢华的全球代码，用淡淡的香气征服着它所弥漫的每寸疆土。

目 录
CONTENTS

Clive Christian
克莱夫基斯汀

我们只选用最罕有、最珍贵的天然有机植物研制香水，目标顾客也会锁定在一些真正懂得生活品位的高消费族。

——维多利亚·基斯汀

作为英国著名香水品牌，克莱夫基斯汀生产了世界上最昂贵的香水，有着高贵的基因，即使其旗下的普通香水也要2000多美元。这个品牌带着非常鲜明的“奢侈”印记，只在英国哈罗斯、纽约第五大道等地的专门出售奢侈品的百货公司贩卖，其镶嵌珠宝的香水瓶流露出掩饰不住的奢华，香水则采用最上乘的原料制成，每年大约只推出1000瓶的产量，注定使其只能被少数人拥有。

香水界的终极诱惑

CLIVE CHRISTIAN

1872年，威廉·斯巴克斯·汤姆逊在英国伦敦成立了王冠香料店，专门为当时英国的上流社会阶层服务。其制造的香水品质出众，特别是一款以花香为主要香料的名为“花之精灵（Flower Fairies）”的香水更是赢得了许多皇室贵族的喜爱。由于曾特别为维多利亚女王研制了一款高贵的香水，受到女王的好评，特许其在标志上使用王冠图案，此后这一品牌成为英国皇室御用香水制造商。

直到20世纪末，王冠共生产了大约50款不同的香水，但由于经营不善导致亏损，1999年，这一品牌被英国的贵族克莱夫·基斯汀收购。克莱夫于1978年成立了一家家居公司，主要销售高级厨房设备和负责室内装潢。克莱夫的女儿维多利亚四五岁的时候，全家搬到了一所建于18世纪的旧房子中，维多利亚在玩耍时无意间在所住的房间的木地板的缝隙中发现一个王冠的香水瓶。当维多利亚把这个精致的香水瓶拿给父亲看时，克莱夫在惊叹之余，开始对香水业产生了兴趣，他决定开始研发名贵香水。在收购了王冠这一品牌后，克莱夫对其进行了一番调整，将传统的稀有原料和异域风情相结合，生产了一系列优雅精致的香水，并创立了克莱夫基斯汀香水公司。2001年，克莱夫研创出极品香水“克莱夫基斯汀1号（No. 1）”，一面世就以其独特的魅力受到名流和富豪们的青睐。“克莱夫基斯汀1号”香水使用的是最珍贵的天然原料，由于十分稀少

2002年圣诞节，辣妹维多利亚·贝克汉姆特别订制了一款克莱夫基斯汀的香水，作为送给丈夫的礼物。这件大礼价值3万英镑，内装克莱夫基斯汀的“克莱夫基斯汀1号”香水，其球靴形状的水晶瓶身由手工制造完成，共花费了6个月时间，瓶盖附近还有纯金花边装饰，并镶有18克拉重的钻石，同样价值不菲。

因此限制了香水产量，使其成为只能被少数人拥有的奢侈收藏。不管是男用“克莱夫基斯汀1号”香水还是女用“克莱夫基斯汀1号”香水，合成方法都十分复杂，产生的香味精致而回味悠长。“克莱夫基斯汀1号”还曾发行过100瓶的特别订购版，瓶颈处有交织字母，并可按照顾客要求改变瓶身形状。世界著名歌星埃尔顿·约翰和电影明星凯蒂·赫尔姆斯都是此款香水的痴迷者，由此可见克莱夫基斯汀香水的魅力。

如今，克莱夫基斯汀品牌旗下主要生产“X”、“1872”和“克莱夫基斯汀1号”号三个系列，其中“1872”是专为女性而设计的经典香水，以与品牌渊源甚深的王冠成立的年份命名，香味则源自当年威廉·斯巴克斯·汤姆逊赠予维多利亚女王那瓶香水的气味，其清雅的玫瑰香是由400多种名贵玫瑰花炼制而成，其手工制造的水晶香水瓶上镶有一个24K金英国币的银圈，更显尊贵。而以数百种茉莉花作主要材料研制而成的“X”女香以及选用小豆蔻、柑橘、姜等辛辣素材研炼的"X"男香，可产生吸引异性的神奇力量，都十分受欢迎。

尽管现在有很多人认为克莱夫基斯汀旗下的香水已经脱离了王冠这一原始产业的创意和精神，但是不可否认的是这一品牌如今在时尚领域中已成为名副其实的王者，只凭空气中的一缕随风而过的味道，就演绎出一段段传奇故事，成为香水界的终极诱惑。

世界上最贵的香水

CLIVE CHRISTIAN

如果你有100万人民币，你会买楼、买车，还是买钻石，你会用100多万去买一瓶香水吗？2006年，著名财经杂志《福布斯》曾对全球顶级香水产品进行过一次评选，最后克莱夫基斯汀生产的"皇家尊严（Imperial Majesty）"以21.5万美元的价格成为世界上最贵的香水。

"皇家尊严"香水是克莱夫基斯汀的"克莱夫基斯汀1号"香水的限量版。经典的"克莱夫基斯汀1号"香水是由白色檀香、印度茉莉、德国玫瑰等共170种花精心提炼而成，在历经6个月的复杂的合成过程后所产生的香味精致、回味悠长，每瓶容量仅1盎司，价格已高达2150美元。而"克莱夫基斯汀1号"的限量版不仅保留了这一型号香水的精华，采用世界上罕见且最上乘的原料配制而成，其中相当一部分原料的价值甚至超过了黄金。此外，这款香水的容器亦非常名贵，是由水晶世家巴卡莱特制作的。巴卡莱特早在1817年开始就在法国洛林地区的巴卡莱特村制作水晶制品，直到今天，每逢香水品牌发布价值较高的限量版时，都会向巴卡莱特订购水晶香水瓶。而巴卡莱特为"皇家尊严"特别制作的香水瓶的瓶口镶嵌了以18K黄金打造的金项圈，并装饰有5克拉的白钻。这一光彩夺目的香水瓶设计令人爱不释手，再加上昂贵的包装和极具个性的香气，使得这款"皇家尊严"香水在某种意义上已经成为奢华的象征。

"皇家尊严"全球仅生产10瓶，其中5瓶在伦敦哈罗斯百货公司出售，另5瓶则陈列在纽约的伯格道夫·古德曼百货公司，每瓶容量为500毫升，价值约为21.5万美元。顾客订购了这款香水后，克莱夫基斯汀公司会派专人开着宾利车送货上门，这无疑更增加了这款香水的神秘色彩。此外，这款香水还曾经获得《吉尼斯世界纪录》所颁发的证书，被正式认定为世界上最贵的香水。

鲜有公司拥有如此超长的生命力，至少在香水行业是如此。作为一个已存续180年的香水王朝的一员，我的心中涌动着幸福……如果只能用一句话来概括娇兰的探索历程，那我们可以说，我们将美升华为艺术，我们凭借创造力满足现代世界的需求。

——娇兰调香师　让－保罗·娇兰

Guerlain 娇兰

不提到法国娇兰，香水历史是无法书写的。五代香水师，180年的香水制造经验，娇兰称得上是当之无愧的香水世家，华贵、惊艳，傲然地盛开在每一个繁华时代。娇兰制作香水，就仿佛是作曲家谱写一首交响乐，指挥所有的香料，按照香水的调式，书写最和谐动听的乐章。进入娇兰的香水世界，就仿佛到了另一个时空，传统和创新在这里交织出了最美妙的乐章，每一款香水都演绎着一个传奇。

永不衰落的娇艳之花

GUERLAIN

从1828年皮埃尔·弗朗索瓦·帕斯卡尔·娇兰在巴黎开设了一家香水专营店开始，法国娇兰就注定要成为一个跨越时空的华美传奇。最初，皮埃尔的店里出售的多为自英国进口的商品。本着对香水的钟爱，他开始调配香水，经过反复试验后，这位年轻的香水师在小工厂中将自己的灵感一滴一滴地凝结，堆积成“液体钻石”。很快，这个毗邻凯旋门的小店便成为了巴黎名流的聚集之地，娇兰香水逐渐占据了法国主要市场，取代了英国香水的光芒。

从1830年开始，皮埃尔开始尝试着把他的香水产品个性化，为某个特定的人或特定的场合而制造。这位才华横溢的香水大师用他奇幻的双手创作了无数款充满魅惑的香水，特别是1853年研制出的“皇家香露(Eau de Cologne imperiale)”赢得了欧也妮

GUERLAIN
My INSOLENCE
INSOLENCE GUERLAIN PARIS

2008年，为庆贺品牌成立180周年，娇兰参照著名作曲家维瓦尔第的乐曲《四季》而特别设计了四季香水礼盒。礼盒中的“春之铃兰”、“夏日来时”、“秋之薄雾”和“冬日喜悦”4款香水能令人联想起每一个季节的神韵，其香调组合相当自由，各具魅力，盛装在35毫升的倒心形的水晶瓶中，而4款特制的香水瓶上各有一幅手工雕刻的代表季节图案。该礼盒全球限量85套，每套价值2500法郎。

皇后的欢心，皮埃尔因此被钦选为御用香水专家，而他一手缔造的娇兰品牌则拥有了独一无二的高贵地位。

娇兰是名副其实的香水世家，皮埃尔一手创立了家族产业，他的儿子艾米·娇兰和加布里埃尔·娇兰则将其发扬光大。1884年，皮埃尔逝世后，艾米接管了公司，并于5年后推出了著名的“姬琪（Jicky）”。这款香水是世界上第一瓶利用人工合成法制作而成的现代香水，它奠定了现代香水具有前中后三段味道的基本模式，而且由于其味道独特，男女皆可通用，因此被称为“中性香水的鼻祖”。秉承了父亲天赋的艾米巧妙地将天然香料与人工香料结合在一起，制作出多款香水，为娇兰的非凡成就打下了坚实的基础。

GUERLAIN

娇兰家族生意延续至今已有5代之久，虽然它也生产护肤产品和化妆品，但由始至终最能代表这一品牌精华的还是香水。娇兰的每一款香水的诞生都如同创造一件艺术品，不仅追求内在的意境与神韵，更赋予香水本身真正的活力。其旗下著名的香水有“姬琪”、“一千零一夜（Shalimar）”、“轮

历经 11 年的精心调配，1989 年，让－保罗·娇兰推出了“轮回（Samsara）”香水，作为一件礼物献给他生命中最爱的一名女子。Samsara 在梵文中是无限轮回直至涅槃的意思，保罗希望他的爱人能在轮回中得到永生。这款香水以檀香、茉莉花为主要原料，香水瓶以东方的浮屠、宝塔为设计灵感，具有着浓重的东方色彩。

回（Samsara）”、“香榭丽舍（Champs-Elysees）”、“娇兰香露（L' Eau de Guerlain）”、“娇兰沉香（Guerliande）”等。时至今日，娇兰共推出 300 多种香水，无论创制于什么样的时代背景之中，无论属于何种类别，娇兰创作的多款杰作秉承了平衡、和谐、完整的风格，经受住了时间的检验，其出众的香气至今仍在空气中飘散。作为一个已存在 180 年的香水王朝，娇兰这一香水界的佼佼者宛如法兰西沃土上一朵永不衰落的娇艳之花，历经时尚与潮流的起落始终傲然盛开，不断创造着不朽传奇。

定制奢华

GUERLAIN

1852 年拿破仑三世发动政变，法兰西第二帝国正式诞生，整个法国进入了前所未有的繁华景象。1853 年，拿破仑三世与西班牙贵族小姐欧也妮结婚后，优雅而高贵的欧也妮皇后的生活品位深深地影响了当时的法国，她将巴黎的皇宫变成了时尚发源地，各种最新款的饰品、珠宝、香水都会第一时间出现在巴黎的宫廷之中。

众多奢侈品牌因为欧也妮皇后的青睐开始了辉煌之路，而早已声名显赫的法国娇兰也是其中之一。娇兰的创始人皮埃尔·弗朗索瓦·帕斯卡尔·娇兰被欧也妮皇后的高贵气质和迷人风采所吸引，为了表达对皇后的无限敬意，他特别为其度身定制了一款“皇家香露”，这瓶香水开始了娇兰为最尊贵的客户专门调配香水的奢华之路。

一款绝世的香氛，最重要的是具有原创性同时个性十足，令人回味无穷，而不与别人撞香的最好方式莫过于拥有一瓶专为自己调制的香水。位于巴黎香榭丽舍大道 68 号

1963年娇兰的“伟之华”男用香水一问世就惊艳业界，被推崇为男香设计的典范，虽然历经潮流变换，这款香水始终在各种香水评奖中稳居前十之列。1965年，娇兰推出了第一款具有东方香气的男士香水“满堂红”，这款香水对男人而言是一个具有骑士精神的标志，对女人来说则有着难以抗拒的力量。此后，“克思诺”、“传奇”和“瞬间”等男香也都以不同的风格，为时尚男士们增添了独特的魅力。

的娇兰总部犹如一座香水博物馆，呈现着其旗下全系列的香水，而最吸引人的莫过于娇兰的首席调香师为特别客户调制的顶级香水。娇兰定制香水的调制过程并不仅仅是香料的混合，还需要事先了解客户的喜好而不断调整配方，整个过程至少需要6个月。半年的等待，娇兰的客户所得到的绝非是一瓶价值3万欧元的香水，我们所拥有的一切中，什么最为珍贵？独一无二！当你触摸到娇兰专为自己定制的香水时，你就拥有了独一无二的香氛。当然，如果你不想等待那么长的时间，还可以选择2万欧元的特制香水，如果你觉得过于昂贵，那么不妨花几百欧元在娇兰的旗舰店里挑选自己最中意的瓶子现场灌装香水，无论如何，在那里你一定能找到你最喜欢的味道。

世界十大最贵香水之一
GUERLAIN

作为娇兰这一品牌的第三代传人，雅克·娇兰承前启后，将娇兰世家推到了一个前所未有的巅峰。“水波(Apres L' Ondee)”、“忧郁(L' Heure Bleue)”、“一千零一夜”、“蝴蝶夫人（Mitsouko）”等在香水史上闪闪发光的伟大作品，都是他研制出来的。雅克给娇兰香水带来知性而厚重的底蕴，他选用的香材构成异常简单，但是在他的精心调制下，香味不再是单一好闻的味道，而是具有了生命，能够分别表现出忧郁、坚强、勇敢等复杂情感。

20世纪20年代，雅克在专心调制新款香水时，听到了这样一个动人的爱情故事：相传印度莫卧儿王朝第五代皇帝沙杰汗为心爱的妻子玛穆泰芝·玛哈尔建了一座精美无

GUERLAIN

L'INSTANT
DE
GUERLAIN

LE NOUVEAU PARFUM DE

比的花园，里面除了喷泉、湖泊、露台之外，还种满了各种奇花异草。1631 年，当玛穆泰芝身怀六甲伴随沙杰汗远征德干高原时，因难产而死，年仅 36 岁。沙杰汗听闻爱妻先他而去的消息后竟一夜白头，为了纪念玛穆泰芝，他用了 22 年时间修建了泰姬陵，为后世留下了一座世界建筑瑰宝，一座凝聚着惊世之恋的爱情丰碑。这个浪漫的爱情故事给了雅克灵感，他由此调制出全球第一款具有着神秘东方气息的香水。这款香水以沙杰罕为爱妻所建的美丽花园的名字“Shalimar（梵文，原意为爱的神殿）”命名，代表着生机盎然的永不停息的爱。当这款源自于爱情的香水在 1925 年推出时，由于它的香味鲜活，令人迷醉，因此成为情人间最好的礼物，中文译名“一千零一夜”则更为其增添了一份浪漫而神秘的色彩。

与那些虽热卖但味道平庸单调的香水相比，极致香氛绝对要与众不同，“一千零一夜”至今仍是娇兰最具代表性而且销量最佳的香水之一，每盎司 170 美元，曾被《福布斯》杂志评选为世界十大最贵的香水之一。

自 1828 年至今，法国娇兰一直带给我们惊喜。每当新的一年来临，娇兰的“花草水语”系列就迎来了新成员。2008 年该系列推出的两款限量版新品分别是“无花果 – 鸢尾花”和“甘草 – 月桂”，这两款香水将最优良的原材料搭配在一起，缔造出非比寻常的优雅香氛。

爱在云端

GUERLAIN

1933 年，雅克·娇兰被《小王子》的作者圣埃克絮佩里的另一部小说的《午夜飞行(Vol de Nuit)》的壮丽意境所打动，调制出了“午夜飞行”香水，以纪念那些尽全力去探索未知事物并获得非凡体验的人，并向那些为了战争牺牲了个人感情生活的人们致以敬意。这款香水的香水瓶的瓶盖为螺旋桨形，在象征着螺旋桨的圆形金属环上刻着香水的名字，而香水的味道并非是人见人爱的轻柔美好，以佛手柑开始，然后转成暖暖的檀香与肉桂的香气，气息虽然带着暖意，却又渗着一丝丝的惆怅，带着无边暗夜才有的凛然，像是飞在云端的孤独。

“午夜飞行”代表着自由与冒险、爱与忠贞，捕获了各阶层的男士，同时被一代代的女性所热爱着，不仅成为香水史上一款经典之作，而且对于娇兰家族也意义重大。据说1955年冬天，“午夜飞行”的一种重要香材长寿花收获量极少，四方调配才收来为数不多的300克。当时雅克的孙子让－保罗·娇兰由于粗心没有看到包装木箱里的小小的香材瓶，就直接把木箱扔进了取暖火炉。第二天，雅克闻听此事后非常生气，他对保罗说：“你如果想成为调香师，那就先把你毁掉的长寿花的味道亲手调出来！”祖父的怒火使保罗深感不安，他殚精竭虑，整日置身于香水调配室，最后终于用合成香料和一些其他易得的天然香料再现了长寿花的香味。当雅克闻到这个味道后极为惊叹，并由此认识到了保罗的调香天分，因此后来授命保罗成为娇兰的新一代掌门人。

GUERLAIN

让－保罗·娇兰继承了娇兰家族敏锐的嗅觉，为娇兰香水家族增加了“娇兰香露”、“伟之华”、“轮回”和“香榭丽舍”等经典香水，他的作品总是带着特有的大胆和对完美永恒的追求。为了寻找配制香水的天然精华，保罗曾经游历全球。这位秉承了娇兰传统艺术的调香师，在奢华和梦幻中创造出一款款诱人的芬芳。

HERMÈS
PARFUM DES MERVEILLES
MERVEILLES
HERMÈS

HERMÈS
PARIS

调香，犹如一次心灵旅程，是一种全新的贴近方式，诠释所有的意味——香味、感觉、品位和想象，以一种全新的方式来描绘花朵，尽管它并不在我们身边；以一种全新的语言来表达不同的情感，回应、等待、独特、唯一、升华、奇妙、激情、自由……蕴含神韵、附着灵魂。香水是相见的缘分，是奇迹的开始。

——爱马仕调香师　让-克洛德·艾莱纳

Hermès
爱马仕

让所有的产品至精至美、无可挑剔，是爱马仕的一贯宗旨。在爱马仕，创意高于一切，它从不刻意地去迎合市场，却能在急剧多变的时尚世界中屹立不倒，向世人展示着它低调却又让人无法忽略的奢华。对于喜欢爱马仕产品的人来说，爱马仕丝巾可以当做艺术品，爱马仕的凯莉包是品位的象征，而在香水领域，爱马仕同样秉承了品牌尊重传统、追求创意的精神。与其说爱马仕是在销售最精致、最豪华、最奢侈的香水，不如说它是在创造、推广和经销“梦想”，一个关于美好生活的梦想，每一款爱马仕香水都是独一无二的杰作，并不局限于某些阶层、某种身份、某种年龄的消费者，而是为所有热爱美好生活的人而诞生。

奢华的味道，高贵的诱惑

HERMÈS
PARIS

如果说法国巴黎是世界上艺术气息最浓郁的城市，那么爱马仕无疑是巴黎这座艺术之苑里最具艺术魅力的品牌之一。艺术浇铸了爱马仕这个百年品牌，而爱马仕则让我们的生活更有诗意，这个法国顶级奢侈品品牌

迄今已有100多年的悠久历史。

1837年，蒂埃利·爱马仕在巴黎繁华地区开设了他的第一间马具专卖店，创立了以自己姓氏为名的马具品牌。在1867年的世界贸易博览会上，蒂埃利·爱马仕凭借其精湛的工艺赢得了一级荣誉奖项。此后，在巴黎城里最漂亮的四轮马车上都可以看到爱马仕马具的踪影。1879年，蒂埃利的儿子查理·爱马仕将家族产业扩大，使其成为法国式奢华消费的典型代表。随着汽车等交通工具的出现和发展，爱马仕开始转产，将其精湛的制作工艺运用于钱包、旅行包、手提包以及一些体育运动所需的辅助用具的生产之中。在家族成员一代代的努力下，爱马仕不断将最具创意的灵感付诸现实，其产品也越来越多元化，并以优良的品质赢得了良好的信誉。

如今的爱马仕集团主要分为三个体系，即皮革用品、手表及香水，而香水是进入爱马仕精品世界的最佳入门商品。早在20世纪50年代，爱马仕就成立了香水部门。1951年，被誉为“现代香水之父”的埃德蒙德·鲁德尼兹卡推出了散发着淡淡皮革味的爱马仕首款男性香水——“爱马仕之水（Eau

爱马仕从2004年开始推出的“闻香珍藏”系列是专门为喜欢收藏香水的人推出的，只在爱马仕专卖店出售，目前共有“玫瑰花道”、“云南桂花”、“馨香芳草”、“琥珀烟云”、“椒香丝路”、“热辣桑巴”六款，这六款香水的瓶身设计虽一致，但味道各具特色，每款100毫升售价约1900元，外面有真皮套包装，非常精致。

d' Hermes)”。10 年之后，爱马仕又推出了首款女性香水——“凯来诗（Calèche，来自捷克语，意为动作）”。作为爱马仕的招牌香水，“凯来诗”的香味清新自然，为女士增添了迷人的风采，由于其每盎司需要 170 美元（1 盎司约为 29 毫升），有“液体钻石”之称，名列世界十大名贵香水之一。

继“爱马仕之水”和“凯来诗”之后，爱马仕在香水领域屡创佳绩，如 1974 年绿色的“亚马逊人（Amazone）”香水以大胆创新的水果味吸引了大群追随者，而 1984 年推出的橙红色的“爱马仕香（Parfum d' Hermes）”则充满东方情调，深受世人喜爱。自 1987 年至今，爱马仕每年都会确立一个年度主题，作为全年度新产品的创作指针，而在 1995 年上市的“福宝大道 24 号（24, Faubourg）”女性香水则为日后的主题香水埋下伏笔，其于 1998 年推出的“乐可宝（Rocabar）”男性香水和 1999 年面市的“依瑞丝（Hiris）”女性香水都成为香水界的杰作。此外，从 1992 年起，每年圣诞前夕爱马仕还会根据当年的年度主题进行特殊的包装与设计，推出限量圣诞典藏香水。

香水融合了个人的生活态度，男性如何恰当地使用香水是一门学问。爱马仕推出的“乐可宝”是一款充满热情的男士香水，这款经典男香就像是一个神秘的宝物，为那些成熟男性增添了独特的魅力。

HERMÈS
PARIS

时至今日，爱马仕已经成功上市了 14 个系列的香水，每款香水的香调与瓶身设计都充分流露出独一无二的爱马仕风格，特别是近几年推出的产品更令人感到惊喜。从 2003 年的“地中海花园（Un Jadin en Mediterrance）”到 2004 年的“橘彩星光(Eau des Merveilles)”，从 2005 年的“尼罗河花园（Un Jadin sur le Nil）”到“福宝大道 24 号”女士香水 2008 限量版，爱马仕所有的香水产品都选用最上乘的高级原料制成。这个以马具制造起家的时尚王国，在历经 5 代传承和百余年辉煌之后，至今仍旧坚持不转让其商标生产许可证，因而其生产的每一款香水都有着严格的质量保证，从而深受世间男女的喜爱。

作为如今少数拥有调香师的公司，爱马仕香水的品质自然不同，更令人惊艳的是爱马仕的香水瓶设计也精致无比，美到可以让人不在乎瓶子里面香水味道的地步，而这一在香水界独一无二的现象足以证明爱马仕这一品牌的顶级地位。

爱马仕的经典象征

HERMÈS
PARIS

在爱马仕的博物馆中，有一幅由法国19世纪著名画家阿尔弗雷德·德勒所画的水彩画，画中一个小马童站在一辆双人座的四轮马车边等待他的主人。爱马仕的第三代负责人艾米尔·莫里斯·爱马仕从这幅画中得到了灵感，于1945年将一个四轮马车和马童的图案作为商标进行了注册。艾米尔·莫里斯·爱马仕之所以会采用这样的图案做商标，一方面是因为爱马仕公司与马车时代的传统渊源，另一方面则是为了突显爱马仕的产品都具有最高品质，但如何表现出属于自我的风格则要看顾客本身。这意味着，没有人的马车就是爱马仕提供的一流产品，但是如何展现出产品的特色则需要消费者自己的理解和驾驭，由此可以看出爱马仕产品内敛又不哗众取宠的特质。

1951年，艾米尔·爱马仕逝世后，他的女婿罗伯特·杜迈继位，在他的领导下，爱马仕的新产品源源面世。当年推出的第一款香水上就带有马车装饰标志，如今已经成为爱马仕的经典象征。

> Doblis在法语中是指一种非常高级的小牛皮，爱马仕通常用其制造一些顶级皮具。以Doblis命名的爱马仕香水于1955年面世，由罕见的皮革融合格拉斯出产的顶级玫瑰和茉莉，并配上具有东方情调的檀木、麝香调制而成。2004年，爱马仕对这款香水进行了重新调制，其限量版本被装在非常美丽的水晶瓶里，并系上一条Doblis小牛皮，每瓶售价约为350欧元。

恒久流传的“福宝大道24号”

1995年，爱马仕将其定为“征旅之年”，这一年，该公司的所有产品设计及构思均以

遨游和探索为出发点，其推出的“福宝大道24号”女士香水即以爱马仕集团总部所在地福宝大道24号而命名的。早在1879年，查理·爱马仕就把爱马仕总店搬到巴黎著名的福宝大道24号，从而增加了品牌的知名度，使爱马仕的家族产业不断扩大。

“福宝大道24号”这款香水是著名香水专家贝尔纳特·布尔乔亚和莫里斯·罗亚尔花了5年的时间尝试了千种配方才调制出来的，其灵感来自于热情浪漫的地中海、印度洋地区，其香味清纯、独特，蕴含了突尼西亚橙花、风信子、埃及茉莉、鸢尾花、檀香木及香草香，瓶身为浅金黄色，瓶身图案以爱马仕最经典的一款丝巾为原形，需用十多个小时才能雕刻好，此外，注入香水和封盖全部用手工完成。

对于这款香水的面世，爱马仕家族的第五代传人杜迈·爱马仕指出，他们的目标不是求创新，而是希望产品能历久常新。他说：“在我们的心目中，‘福宝大道24号’会恒久流传。”事实证明，这款香水受欢迎的程度可与爱马仕享誉全球的丝巾相媲美。

HERMÈS
PARIS

1997年，爱马仕特别推出了“福宝大道24号”淡香，以更适合春夏的香氛重新诠释了这一经典。2008年，爱马仕又推出“福宝大道24号”限量版香水。虽然今日的香水界异常热闹，每隔不久便有多种新产品面世，推广手法又层出不穷。可是面对压力，“福宝大道24号”2008年新款仍没有什么哗众取宠的包装，而是坚持本身风格，展现出独特的魅力。

也许你可能一直无缘买到爱马仕的凯莉包，那么不妨购买一瓶凯莉包的专属香——Kelly Caleche淡香水，它一样能带给你惊喜。这款香水是爱马仕经典的“凯来诗”女香的重新演绎，由花香与皮革混合而成的味道显得沉稳、含蓄、柔和，而香水瓶的瓶身设计可谓巧夺天工，要轻推来自凯莉包的小锁才能转动金属环，让喷雾器现身，这一设计在实际用途之外又增添了一份诗意。

CHANEL
COCO
PARFUM
CHANEL
PARIS
NEW YORK
COCO
THE SPIRIT OF CHANEL

Chanel 香奈儿

作为把香水带入时尚界的先锋之一，香奈儿为世人营造了一次又一次嗅觉上的盛宴，它神秘、飘忽，那一缕缕持续不退的香气萦绕了大半个世纪，以始终不变的姿态成为经典的艺术品。每瓶香奈儿香水的诞生，都凝结着一个活色生香的故事，每一滴香奈儿香水都是超越时空的优雅传承，你

香水的好处并不是几千个享有特权的上流贵妇所专有的，只要用几滴香奈儿香水，穿上一条裙子和套头毛衫，所有的女性都可以成为嘉布莉埃·香奈儿。

——《时尚的面貌》

2008 年，香奈儿的现任专属调香师贾克·波巨重新诠释了 No.5 这款充满传奇色彩的香水，以同样花材、全新比例调配出 No.5 低调奢华版。新款香水以乙醛为整体香调结构的核心，前调是伊兰花，5 月玫瑰开启迷人中调，格拉斯茉莉则是基础味道，给人的感觉更加清新。

永远无法预知，香奈儿所汇集的芳香力量会让你瞬间拥有怎样超乎想象的改变。

流动的艺术

CHANEL

有一样东西，可以穿，可以戴，可以炫耀，可以虚荣，可以自恋，可以自怜，这就是香奈儿。1913 年，嘉布莉埃·香奈儿在法国巴黎开了一家帽子店，一个影响了半个多世纪的时尚传奇就此掀开了序幕。无论是带有强烈男性元素的运动服饰、两件式的斜纹软呢套装，还是打破旧有价值观的人造珠宝，嘉布莉埃·香奈儿屡屡挑战旧有体制并创造出新的时尚，她一手主导了 20 世纪前半叶女人的风格、姿态和生活方式。

嘉布莉埃·香奈儿由服装起家，她认为自己划时代的服装应有前卫的香水搭配，因此她决定开拓自己的香水制造业，并使其成为同品牌服装的完美互补。对于香水，她自有高论：“香水应该像当面一巴掌那样，用不着待了 3 小时才让人闻出来，要很浓郁才行。”1921 年，著名的“香奈儿 5 号（No.5）”香水诞生了。它

香奈儿的专属调香师贾克·波巨以 3 年时间调制的“邂逅（Chance）”香水以清新花香为主调，是专门为那些勇于尝试、爱好幻想、狂野热情的年轻女性而设计的，一推出即在美国造成轰动，作为香奈儿推出的第一款具有圆形瓶子的香水，它成功地为香奈儿香水写下历史的新一页。

CHANEL
N°5

N°5
CHANEL
PARIS
PARFUM

1981年，香奈儿的调香师贾克·波巨创造了男性香水中最为粗犷的一款香水——“力度（Antaeus）”。这款男性香水以茶和麝香为基调，再加入柑橘，气味简单而纯粹，给人干净又清爽的感觉，深受男士们喜爱。其黑色瓶身置身于深红色的包装盒中呈现出一种豪迈大气，就如一位强悍而充满吸引力的男人一样，格外引人注目。

在风格上融合了奢华与优雅，完全打破了当时香水的传统精神，它标志着嘉布莉埃·香奈儿一举成功地涉足香水界，世间喜欢香水的男人和女人们又多了一个选择。

此后，嘉布莉埃·香奈儿又推出了一系列香水，其中包括“香奈儿19号（No.19）”、“可可（COCO）”、“魅力（Allure）”、“邂逅（Chance）”、“水晶恋(Cristalle)”等女士香水和“白金男士（Platinum Egoiste）”、“男士运动（Allure Homme Sport）”、“力度（Antaeus）”、“绅士（Pour Monsieur）”等男用香水。一直以来，香奈儿生产的香水并不缤纷多彩，事实上，它只有一种风格，那就是华贵的清纯。

香奈儿香水具有自己鲜明的标记，清爽淡雅的芬芳，全新时尚的包装，没有比香奈儿更特别的香水了。嘉布莉埃·香奈儿曾经说过：“我要给女人的是一种人工制造的香水，我所谓的人工指的是像衣服这样的物品，换句话说也就是创造出来的。女人需要的不是玫瑰或者欧铃兰，女人要的是一种人工合成的香味。”在她的创作精神引导下，香奈儿品牌生产的香水的主味大多是人工合成的现代香精，可使香味富于变化，这成了香奈儿香水最大的特色。一直以来，香奈儿香水始终在追求一种单纯素净、经久不衰的雅致，经过80多年的发展，它在香水界的地位无可替代。没有哪个品牌可以像今天的香奈儿一样，涵盖了“经典”、“年轻”、“优雅”、“活力”、“性感”、“创意”等所有美好的形容词，香奈儿简直无所不能，精明强干而又特立独行的嘉布莉埃·香奈儿似乎拥有某种穿越时空的魔力，像个法力高强的女神，保佑自己创下的品牌永远占领时尚界最尊贵的坐席。在服装、鞋履、手袋等时尚用品上都可看见香奈儿的双C的标志，而香奈儿的香水则能够引诱出一个女人完全不

沿袭 N° 5 香水以简洁易记的数字命名，香奈儿女士最后一款亲自推荐的香水被命名为 N° 19。这款香水诞生于 1970 年，是为纪念香奈儿女士的生日而设计的，后来成为她最常用的香水。这款香水的瓶身线条简单流畅，香味清新自然，给人一种春回大地的感觉，非常适合那些年轻、自主、思想前卫的都会女子。

同的特质与风情，也能触发一个男人的阳刚与狂野，它以独特的魅力征服了不同时空、不同领域的男男女女，它把简洁的奢华升华为一种标志，用独一无二的香氛制造了一款款超越时尚的经典。

用生命谱写的浪漫乐章

CHANEL

法国前文化部长安德烈·马尔罗曾经说过：“20 世纪法国有 3 个名字可以永垂不朽：戴高乐、毕加索和香奈儿。”这句话足以概括嘉布莉埃·香奈儿这位在时尚舞台上举足轻重的传奇女子的一生的重要影响。

被许多人亲切地叫做 COCO 的嘉布莉埃·香奈儿 1883 年出生于法国，1913 年开始在时尚之都巴黎开始了她的传奇之旅。她使女人们摆脱了裙撑和腰垫的禁锢，从而解放了女人的身体；她大胆地为手包加上带子，从而解放了女人的双手；她对时尚流行的大逆转，让假珠宝变得比真品更有价值。嘉布莉埃·香奈儿把时尚带到了一个崭新的高度，并引导了一种截然不同的奢华品位：简单。

没有哪位设计家像嘉布莉埃·香奈儿那样一生多彩多姿，毕加索称她是“欧洲最有灵气的女人”，萧伯纳给她的头衔则是“世界流行的掌门人”。她一生未婚，被她拒绝的求婚者不计其数。

1971 年 1 月 3 日，嘉布莉埃·香奈儿去世，享年 88 岁。但是就像与她同时代的艺术家们一样，嘉布莉埃·香奈儿从未过时，1984 年，香奈儿公司为了纪念嘉布莉埃·香奈儿而特别设计了 COCO 香水。1999 年，美国《时代》周刊评出了 100 年来最具影响力的 20 位艺术家，嘉布莉埃·香奈儿名列第二位。这位时尚界的传奇人物，“她没有议会与国土，却统治得比任何一位政治家永久，

她做出的每个决定，都超越国界而在世界上具备法律般的效果”。

香奈儿5号

CHANEL

在香水界，有这样一个故事：据说菲律宾的一个渔夫，走进一家昂贵的精品店里，他没有开口说任何话，只是沉默地伸出五根手指，就买到了他所想要的一瓶香水——香奈儿的“No.5”。

1921年5月，当著名香水调配师恩尼斯·鲍将自己精心设计的多款香水样品呈现给嘉布莉埃·香奈儿女士时，由于5是她的幸运数字，因此她毫不犹豫地选择了5号，于是，一款后来誉满全球的香水就这么简简单单地选择了“No.5”作为它的名字。

这款香水之所以会风靡世界，主要是因为它是全球第一款乙醛花香调的香水，它的香味由法国南部格拉斯的5月玫瑰、茉莉花、乙醛等80种昂贵材料组合而成，以确保不会被复制，其清幽的花香更加突显了女性的娇柔妩媚。

“香奈儿5号”面世后，在香水界掀起了翻天覆地的变革。曾几何时，巴黎康朋街的香奈儿旗舰店门前，顾客排起了长达500米的长龙，排队等候购买这款香水，1956年它还成为纽约大都会博物馆的收藏品，而著名影星玛莉莲·梦露的那句“除了几滴‘香奈儿5号’香水，我什么都没穿”更是让其成为全世界最为知名的香水。

没有哪个女人可以逃过“香奈儿5号”的魅力，甚至有专家将香水历史分为两个阶段：“No.5之前”与“No.5之后”，直到今天，这款香水依然稳坐世界销售冠军的宝座。

N°5
N°5
CHANEL
PARIS
PARFUM

我从小闻香水长大，总能见到调香师一点一滴试着新香水配方的认真神情。对我来说，佛罗瑞斯不仅是一门生意，更是生命记忆的一部分。

——爱德华·佛罗瑞斯

Floris 佛罗瑞斯

对一个香水品牌而言，皇室贵族的青睐无疑是一块金字招牌，佛罗瑞斯这一为英国王室服务了八代的香水世家，虽然在革新方面不一定能超越其他时尚品牌，但是在传统的承继上却有着过人之处。作为英国老牌香水中的翘楚之一，佛罗瑞斯意味着历史悠久和品质无可挑剔。这一百年老店的名号绝非虚得，其推出的香水的香味没有法式香水那

般馥郁，也不像美国香水那样充满活力，而是以严谨内敛的风格著称，是品位高雅的最好证明，因而被诸多皇室和社会名流推崇。

流芳百年的皇室御用香水

FLORIS

推开位于英国杰明街 89 号的佛罗瑞斯香水店的店门，在典雅的香水味道之外，还会有一种古老的传统气息迎面袭来。店内供客人自由挑选试用的各种香水整齐地排列着，而放在最显眼处的两个皇室的委任状则诉说着这家世袭的香水御用店的辉煌。

佛罗瑞斯的创始人胡安·佛罗瑞斯来自西班牙东部的迷诺卡岛，于 1730 年以制作梳具在伦敦起家，此后其家族传人延续了卓越的制作技术，以精巧的手工制造了剃须刷、发梳等各种优质产品，深受皇室贵族的青睐。

1814 年，佛罗瑞斯选用玫瑰、天竺葵等高档香料调配而成的一款香水深受好评，从而建立了其在香水品牌中的重要地位。1820 年，佛罗瑞斯得到了第一个皇室委任状，乔治四世特封其为皇室御用香水商。之后，乔治五世、伊丽莎白一世等数位君主都对这一品牌赞赏有加。延续至今，佛罗瑞斯作为英国皇室的御用香水品牌，已经为其服务了八代之久。如今伊丽莎白二世与查尔斯王子授予的王室御用许可书就摆在佛罗瑞斯位于杰明街 89 号的香水店里，两位王者的印章也被特许印刷在佛罗瑞斯产品的包装上。

佛罗瑞斯的“J.F.”男士香水于 1992 年推出，以品牌创办人胡安·佛罗瑞斯的姓名缩写而命名。这款时尚而且充满朝气的香水，为现代男人增添了高雅的生活气息，推出后曾被英国空航头等舱及世界诸多豪华饭店所选用。

历经 100 多年的发展，佛罗瑞斯推出的香水有“伯巴蒂尔（Boubardia）”、“爱德华花束（Edwardian Bouquet）”、“栀子花（Gardenia）”、“幽谷百合（Lily of the Valley）”、“山梅花（Seringa）”等上百种，

千子金藤是一种具有浓郁香气的白色花朵，也被称为马达加斯加茉莉，意味着幸福美满。据说欧洲一些国家，在传统婚礼上新娘都会手捧千子金藤花束。佛罗瑞斯推出的“千子金藤”香水给人以干净、柔和的感觉，活泼的甜美气息贯穿始终，令人感受到新娘般的幸福甜蜜。

其中经典的有俄国女皇亚历山德拉喜爱的“白玫瑰（White Rose）”、查尔斯王子最爱的“89号（No.89）”等。这一百年品牌的香水均采用最上乘的香料调配而成，充满了自然的芬芳，盛装香水的香水瓶设计既简洁又精美，而且每瓶香水都有专用盒子放置。此外，佛罗瑞斯香水的背后大都有着一段精彩的故事，比如“127特别版（Special 127）”，这款香水是1890年佛罗瑞斯特别为俄国大公奥尔罗夫调配的，当时命名为“奥尔罗夫特别版（Orloff Special）”。在奥尔罗夫大公死后，佛罗瑞斯将其名字改成了“Special 127”，据说是因为这款香水的配方位于其家族专用的配方书的第127页。1940年，佛罗瑞斯重新推出这款香水后，成为阿根廷总统夫人伊娃·贝隆的最爱之一。

FLORIS

在很多场合下香水是一种语言，它细腻地展示出使用者的文化修养、对生活所持的态度及其社会地位。与香奈儿、兰蔻等时尚

香水品牌相比，佛罗瑞斯的顾客群并不广，只为一些名流贵族所熟知，因为对于那些处于社会最高阶层的权贵人士来说，这一皇室御用品牌无疑是其彰显身份、地位和品位的最佳选择。

邦德最爱的“No. 89”

FLORIS

英国的杰明街以星罗棋布的男性服装和配饰品著称，在著名影片《007》中，传奇特工詹姆斯·邦德正是在杰明街采购了登喜路的袖扣、T&A 的衬衫和佛罗瑞斯的香水等，而在现实生活中历任 007 的著名演员也是这些品牌的忠实顾客。

位于杰明街的佛罗瑞斯香水店的铺面虽小，却街知巷闻。“No.89”取名自佛罗瑞斯店铺所在号，是查尔斯王子最喜欢的香水之一，而让其名声大振的却是詹姆斯·邦德，这位英国著名间谍曾多次在电影中声称自己使用的是“No.89”。这款香水在檀香和橡苔中混合着玫瑰芬芳，带着英国绅士的谦恭，却又不至于太过矜持。随着《007》电影的风行，“No.89”也逐渐成为绅士阶层的生活象征。

LANCÔME
当勇气、文化、魅力与美丽结合在一起的时候，您就拥有了法国式的生活艺术，兰蔻就是要将这一切输入到全世界。我们要将生活的艺术沐浴在简约的柔和情调之中，融入到精美的优雅之中。
——兰蔻公司
Lancôme
兰蔻
LANCÔME

LANCÔME
MAGNIFIQUE
You are unique, you are
MAGNIFIQUE

2008 年，兰蔻推出的“璀璨(Magnifique)”女士香水盛装于红色水晶瓶里，珍贵原材料造就的辛辣、花香与木香交融成撩人心弦的香味。这款重塑奢华香水香调的惊世之作，正如其创造者奥利弗·克莱斯普和雅克·卡瓦里埃这两位著名的调香大师所说，是“绚丽辉煌的女性香水珍品，必将在香水界名垂青史”，而那些渴望无拘无束、崇尚纯粹的成熟女性必将在这款香水所弥漫的香气中找到共鸣。

品，并在布鲁塞尔的国际博览会上荣获了大奖。顷刻之间，巴洛克式的华贵、别具一格的兰蔻风格在当时大为风靡。博览会后 6 个月，兰蔻已经在世界各地的 30 多个国家开始销售，赢得诸多顾客的认同和赞誉。

为了法兰西香水业，阿曼德创造了兰蔻，并将最好的科学家聚集在自己的周围，在香水的王国中开拓了一个全新的领域。与其说阿曼德是个商人，不如说他是一个不折不扣的艺术家，在他的努力下，兰蔻生产的商品散发出绚丽灿烂的光芒。然而，1941 年阿曼德销售上的一个失误造成了兰蔻整体的销售量下滑，并且出现了严重的财政危机。当时有很多订货商提出可以把原材料的要求标准降低，但是阿曼德却毅然拒绝了，他坚持绝对不能因为赚钱而把香水的品质降低。历史做出了最好的评定，阿曼德对品质的严格要求为兰蔻日后尊贵的形象打下了坚实的基础。1947 年，作为二战结束后法兰西生活艺术的回归，兰蔻推出了一款珍贵的“极品(Marrakech)”香水。作为战后法国香水的代表，从著名的水晶制造商莱俪制造的香水瓶身就能窥见这款香水不朽的品质。1950 年，经过 1000 多次的试验，阿曼德推出了自己

兰蔻的“珍爱”香水于 1952 年首次推出，1990 年兰蔻又推出以玫瑰花为核心的新款“珍爱”香水，将春天花园般的前调和成熟果园般的中调完美地融合在一起，6 小时后则会散发出温馨家园般的后调，芬芳如歌。这款香水使用的香水瓶是一个倒金字塔形，既象征着高贵，更意味着幸福的来之不易。这款香水一面世就跻身于世界极品香水之列，为那些追求完美的女性所喜爱。

最理想的一款香水——"魔幻（Magie）"。这款混合了珍贵木香和茉莉的香水，以身穿和服的日本女性为灵感设计瓶身，堪称20世纪50年代香水领域的绝世之作。而1952年的"珍爱（Tresor）"香水则以精致的东方香调与精巧的钻石型香水瓶完美结合，独具风采。这几款香水无论是包装原料还是香氛上都获得了巨大成功，确立了兰蔻在香水品牌中不可动摇的地位。

1964年，经过协议，兰蔻并入法国欧莱雅化妆品公司，但仍然维持品牌的独立地位。进入新的发展历程的兰蔻源于对品牌精髓的传承，又深深植根于现代文化，融合优雅、魅力、大胆、柔和、精致、简约和时尚于一身，为世人传递着法兰西的优雅艺术品位和简练的生活态度。其推出的香水种类虽

制造香水是门专业的技术，更是令人惊叹的艺术，兰蔻香水不仅为女士创造了一个美丽世界，而且也并未刻意忽略男人们。2001年，兰蔻的"奇迹"男用香水的推出改写了男人气味的历史，其以橡木苔、红椒等带点辛辣的气味展开前调，中段花岗岩的甘甜令人惊讶，最后由温暖而浓郁的东方调来结尾。这款独树一帜的香水充分展现了男人的活力。

然不多，但款款经典，都是香味隽永、深植人心的经典之作，在法兰西乃至世界各地展现着永恒的优雅。

法兰西最美的玫瑰

LANCÔME

1935年，阿曼德·佩提让到法国中部的卢瓦卡畔郊区游览时，偶然发现了颓废的兰可思幕（Le Chateau de Lancosme）古堡。在古堡饱经风雨侵蚀的石墙上长出来的芬芳玫瑰，深深吸引着阿曼德。经过认真思考之后，阿曼德决定以兰可思幕城堡为自己即将创立的公司命名，不过为了发音之便，阿曼德用一个典型的法国式长音符号代替了城堡名中的字母“S”，于是“兰蔻（Lancôme）”就此诞生。

在创办早期，香水、护肤品和化妆品在兰蔻王国中鼎足而立。1940年，兰蔻确立了一个具有三重意义的标志。这个标志左侧的莲花是智慧的象征，代表了兰蔻的护肤保养品；右侧的小天使是当时著名画家鲁本斯的杰作，代表了兰蔻的彩妆；而中上部的玫瑰是品牌创始人阿曼德·佩提让的最爱，是完美的化身，代表着香水。后来经过慢慢演变，玫瑰成为了兰蔻的唯一象征。

没有一种产品如兰蔻一般，把玫瑰凝结成一种品牌的精神核心。玫瑰是兰蔻的标志，也是兰蔻的灵魂所在。自从创始人阿曼德·佩提让缔造兰蔻这一品牌开始，婀娜多姿的玫瑰就活在其骨髓中。

我不希望我的香水闻起来像是玫瑰花、栀子花或是任何一种单独的花香，我要令雅诗兰黛成为世上最奇妙、最丰富、最和谐的千百种花香集于一身的香水。

——雅诗·兰黛夫人

Estēe Lauder

雅诗兰黛

香水在很多人看来只是生活的附属品或修饰品，但是在深入了解一些香水品牌背后的理念时，我们会发现，香水绝不是闻到的那一丝香味而已，其实在那香味背后蕴藏着很多让我们感动的人文精神，比如雅诗兰黛，它那一缕袅袅香味给我们带来的惊喜，是任何事物都无法比拟的。如果没有了雅诗兰黛香水，我们的生活将缺乏激情，索然无味。半个多世纪以来，在多变的时尚界，无论设计师的风格如何转瞬即逝，世人喜爱香水的口味如何捉摸不定，雅诗兰黛却总是常盛不衰，在高端化妆品领域的地位牢不可撼，它在全球顶级商业街区绽放的美丽不知诱惑了多少世人。

让生活变成一种艺术

为了把美丽带给每一位女性，雅诗·兰黛夫人于1946年在美国纽约成立了雅诗兰黛化妆品公司，同时推出了她的第一款产品，由她当化学家的叔叔研发的护肤霜。这款护肤霜面世后，赢得了一群忠实的拥护

ESTĒE LAUDER
PURE WHITE LINEN
雅诗兰黛 纯净如风香水
THE FRAGRANCE TO LIVE IN ALL YEAR LONG.
PURE
WHITE
LINEN

者。没有资金，没有营销经历，没有护肤或美容的特长，雅诗·兰黛夫人仅仅凭着想为每个女性带来美丽的这个梦想步入了当时的化妆品领域。

1950年以前，香水作为典型的奢侈品，女性一般不会自行购买，普及率相当低，但雅诗·兰黛夫人相信女性喜欢生活化的美丽，因此她把品牌风格定位为：保持着与社会时尚的微妙距离。1953年，雅诗兰黛推出了“青春之露”（Youth Dew）。这是一种香氛沐浴油，也可以当香水使用，上市后大获成

为了在男用香水领域开创一种真正的全新体验，雅诗兰黛推出了“霓彩伊甸”男士香水系列，这是一款精心设计的看似简单却蕴含复杂技术的高科技产品，它拥有同款女士香氛系列的所有梦幻感觉，但香型更富冲击力，充满醉人的男人味。其使用的香水瓶具有超现代的流线外形，而香水构成的所有成分都经过精挑细选，能激发男士的想象力，帮助他们把心目中的梦幻变成现实。

功，打破法国香水一统天下的局面。凭借这款产品，雅诗兰黛颠覆了人们对香水的看法，使得高档香水不再是少数贵妇才能使用的奢侈品，从而开创了香水生活化的先河。

雅诗兰黛的香水分支非常庞大，其比较经典的有20世纪60年代的辛香绿叶木香型的“合金（Alliage）”，这款香水融合了清新、飘逸的格调，而花香木香型的“私人藏品（Private Collection）”和东方香型的“朱砂（Cinnabar）”以及春天般清新的“白色亚麻（WhiteLinen）”等香水都是于20世纪70年代问世的。1985年雅丝兰黛推出“美丽（Beautiful）”，并提出香水的选择是很有个性的，涂香水的作用是与周围的人分享自己的个人感受和魅力。3年后，雅丝兰黛又推出“尽在不言中（Knowing）”，其馥郁的香气更是让人无法忽略涂香者的存在。1995年推出的全新女用香水——“欢沁（Pleasures）”的整体瓶身高雅而简洁，其晶莹剔透的椭圆形瓶子上缀着圆形的白金瓶盖，香味乍浓犹淡，怡人心脾。2003年推出的“霓彩伊甸（Beyond Paradise）”具有独特的“棱光花香

2007年，雅诗兰黛推出的假日古典香水将香水塑造成固体的形式，外包装容器由水晶、珐琅等饰品精细加工而成，这11款固体香水的包装容器的形状有竖琴、水壶、留声机、蝴蝶、帆船等，不仅造型十分可爱，携带使用也很方便。

调”，通过不同层次的香味律动，缓缓地散发出各种珍稀花朵的独特氛围。

如今，雅诗兰黛这一品牌已经成为时尚完美的典型代表，其变化万千、神秘莫测的嗅觉体验令香水如同艺术品，给不同的人在不同的时间、场合与情绪中带来不同的感受。在香水的海洋中，当我们碰到雅诗兰黛时，就像进入神奇的世界，一旦深陷其境，就注定无法自拔。

美丽是一种态度

她的名字是时尚杂志的“常用词”，她的王国在企业界呼风唤雨，她的名言被世界各地的女人奉为经典座右铭，她就是被誉为“香水王后”的雅诗·兰黛夫人。

继承了祖母对香水的热爱，艾琳·兰黛从雅诗·兰黛夫人所收藏的珠宝、艺术作品中获取灵感，创造了“世家珍藏晚香玉栀子花”香水系列。这款香水萃取出珍贵的晚香玉与异域栀子花的香气，具有前所未有的纯净和感染力。从香味、瓶身到包装，每一个细节都诠释着艾琳·兰黛对时尚的独特定义。

雅诗·兰黛夫人出生在纽约皇后街的意大利移民街区的一个五金店主家。第一次世界大战爆发时，雅诗才6岁。就在这一年，她的一位搞化学研究的叔叔带来了一款护肤油的秘密配方，这个配方使雅诗开始孕育一个美丽的梦，长大后要进入时尚的化妆品世界。1930年，雅诗与相恋一年的约瑟夫·兰黛举行了婚礼。婚后，她开始自己在家做护肤膏，并兜售给身边的女性。由于她过于专注自己的美容事业，导致婚姻出现了裂痕。在经过离婚再复婚这一系列的波折后，雅

诗·兰黛夫人与丈夫最终达成了默契：共同从事化妆品事业，她负责化妆品的制造和销售，约瑟夫负责管理，从此，雅诗兰黛化妆品王国初见雏形。约瑟夫做着大量的幕后工作，默默地支持着他的夫人。1981年夏天，雅诗·兰黛夫人推出一款含有木香与花香的男士香水，并将其命名为“J.H.L.”，这是她丈夫名字的首字母缩写，作为献给她深爱着的丈夫的礼物。

雅诗·兰黛夫人一直认为“美丽是一种态度，而没秘密可言。世界上没有丑陋的女人，只有不在乎形象或者不相信自己魅力的女人”，在她看来，每个女人都可以永远拥有美丽和时尚。正因为秉承了这一理念，她将自己的生活理念和对时尚的理解融入到雅诗兰黛这一品牌的发展中，不但重塑了美国化妆品行业的面貌，而且影响了诸多渴望美丽的女人。

2004年4月，雅诗·兰黛夫人在曼哈顿的家中去世，享年97岁。她一手创立的雅诗兰黛如今已经发展成为全球最大的化妆品和香水公司，并且仍在不断拓展业务。集雅诗兰黛等产品于一体的公司旗下还有倩碧、阿拉米斯、波比·布朗等鼎鼎大名的分支品牌，可以说美国化妆品的半壁江山都归其掌控。为了表示对雅诗·兰黛夫人的尊敬，美国人曾将她的传奇一生拍成了电影，而以她的名字命名的雅诗兰黛香水更是众多女性心目中的最爱。

我们过去追求的是时尚，现在依旧如此，时尚永远是我们前进的方向，可以说，时尚就是我们的传统以及创新，时尚就是平衡。

——胡戈·波士集团首席执行官　布和诺·萨拉扎尔

Hugo Boss 胡戈·波士

在这个个性不断张扬的时代，每个人都有权力选择最适合自己的角色，香水也是如此。香水是身体的艺术，选择什么样的香水一定与性格有关，而懂得运用自己魅力的男人，对于香水通常是十分挑剔的。作为最著名的男士香水品牌之一，胡戈·波士不论是在设计上还是在形象上都非常男性化，它最大的特点就是把绅士和前卫这两个极不相容的概念调和在一起，它并不是为那些盲目跟随时尚潮流者所设计的，而是为那些想藐视一切传统并挑战自我极限的男人而设计的。它让男人像一个神奇的魔术师，冷静与冲动、理智与感性等所有矛盾对立在他身上都能化解融合，而选择胡戈·波士香水的男人，无论身份和年龄如何，一定都有一颗渴望激情的心，他们是真正懂得香水、真正懂得生活的人。

成功男士的象征

BOSS
HUGO BOSS

1923年，胡戈·波士先生在德国的一个小镇成立了一家服装厂，在创业之初，其经

HUGO
HUGO BOSS
HARMONY IS OVERRATED
XY HUGO
XX HUGO

营范围仅限于男士工装、雨衣、制服等，20世纪60年代初，胡戈·波士先生的第三代传人开始拓宽完善品牌种类，使当年小规模的家族生意逐渐发展成一个经营时装、鞋履、香水等产品的世界顶级时尚品牌，在时尚舞台上扮演着引领者的角色。

德国人向来以严谨、缜密著称，在品牌的塑造上亦是如此。历经80多年风雨，胡戈·波士一直崇尚“为成功人士塑造专业形象”的经营哲学，集感性和理性于一身。其旗下有定位为成功人士的波士（BOSS）、面向年轻人的胡戈（HUGO）和倾向于休闲感觉的巴萨瑞尼（Baldessarini）这3个品牌，分别代表着3种不同的风格和生活理念，其出品的香水同样遵循这个原则。

香水历来是法国、意大利的品牌驰名国际，而胡戈·波士则是德国香水业的骄傲。

“胡戈男香”是胡戈旗下畅销全球的男用香水，曾创造了10秒卖出一瓶的惊人纪录，这款献给那些极具个性的前卫男士的香水具有复合型的味道，可以适合各种不同的场合，而且在任何场合中都可以使使用者卓尔不群，此外，独特的军用水壶外形的香水瓶可以说是运动和能量的完美体现，使这款香水更加具有活力。

1985年，胡戈·波士开始进军香水世界，推出第一款男士香水——“波士1号（BOSS NO.1）”，其创意灵感来自于1923年的同名男装系列，专为那些目标远大的男士而设计，他们追求事业有成，也讲究生活品质，

注重使香水与服装相得益彰。“波士1号”将薄荷、蜂蜜和紫苏巧妙地融合在一起，没有刻意营造的气息，却是最打动人心，而这正是其魅力所在。这款正式开创了胡戈·波士的男士香水时代的经典之作在1989年获

从2002年推出“动感”男香之后，波士用3款特别限量版香水构成了一段体能成就巡回旅程，隐喻男士们通过体能竞赛赢得最佳成就。首先是2004年的“水蓝动感”限量版将体能竞赛推向超越边界的临界点，其次是2005年的“绿光动感”限量版将男士们带到竞赛的起跑线上，而2006年的“劲黑动感”限量版则是强调最后冲刺到终点线，赢得竞赛，体验取得胜利后的极度欢愉。

得“最佳男性香水”大奖，之后波士推出的诸多男用香水系列也都十分畅销，汤姆·克鲁斯、施瓦辛格、舒马赫等很多名人均为波士香水的爱好者。

2000年，波士涉足女性香水市场，推出第一款女用香水——“波士女香（BOSS WOMAN）”，这款香水具有神秘的复合味道，

初调清新，中调轻松，后调热烈，是特别为那些前卫开放而且渴望与众不同的现代女性创造的。凭借这款香水，波士的品牌理念得以成功地打动女性消费者，而不再仅仅是男士的最爱。

与波士不同，胡戈旗下的产品主张标榜个性及创新，注重内在自我的充分展现。如1995年推出的“胡戈男香（HUGO MAN）”和1997年的“胡戈女香（HUGO WOMAN）均特别为那些向往不受世俗限制的自由的现代青年创造，以简单明朗的气息传达自信、大胆、奔放的生命活力。

BOSS
HUGO BOSS

如果说胡戈是挥洒自我的年少青涩，波士是事业有成的成熟练达，巴萨瑞尼则代表

当诱惑悄无声息地袭来，源自灵魂深处的男性魅力慢慢散发，“灵魂魅惑”男香在不经意间便俘获了人心，让人无法抗拒。作为波士男士香水系列的新贵，“灵魂魅惑”将一个男人深沉内敛而又极具诱惑力的气质发挥到极致。藐视一切传统，挑战自我极限，这就是胡戈·波士香水所要传达的信念。

着一种从容的气定神闲。这一品牌是以胡戈·波士的前任设计师华纳·巴萨瑞尼的名字命名的，一直崇尚优雅极致的奢华风格，其推出的与品牌同名的“巴萨瑞尼”男香的味道既香醇浓郁又自然质朴，给人一种庄严稳重的感觉，因此极受成熟男性欢迎。华纳·

琴瑟和谐不再是现代感情关系的基础，两性平等才是重点，胡戈的“情窦初开”男女对香非常独特且对比鲜明，女香的木质花香调与男香的芳香绿叶调这两种迥异的气味完美地搭配在一起，彼此互补，这种有趣的契合表现了现代感情关系，既没有逻辑可循，又令人无法抗拒其吸引力。

巴萨瑞尼是一位极有才华的设计师，可惜的是2002年在他离开胡戈·波士并创立了自己的品牌后，“巴萨瑞尼”这一系列的产品到2007年就不再生产了。

不论是出自波士、胡戈、巴萨瑞尼哪个系列，胡戈·波士香水均超越了浅层的感官享受，传达出深度的内在思维，显得任性却不出位、感性却不张扬。胡戈·波士的香水仿佛有一种说不出的魔力，可以让人挣脱现实的桎梏，释放灵魂深处的自我，其散发出来的神秘的馨香会让人甘心被其诱惑。

超越自我，追求自由

BOSS
HUGO BOSS

胡戈·波士一直崇尚的经营哲学是“为成功人士塑造专业形象”，自创建以来其产品上都有一个大写的“BOSS”，带有此标志的服装、香水等产品频频出现在许多成功人士的生活中。BOSS原意是老板，如果说其代表成功、练达，那么HUGO则直率地标榜个性及创新。单从字面来看，H即“Highly individual”，意为内在自我的充分展现；U即“Unique”，象征着胡戈·波士品牌在宇宙中是独一无二的存在；G为“Globa”，表明使用胡戈·波士产品的人属于21世纪地球村的公民；O代表着“Off limit”，意味着胡戈·波士追求不受世俗限制的绝对自由。这4个字母的组合从整体上表达出胡戈·波士品牌“超越自我，追求自由”的品牌理念。

作为一个精益求精的品牌，胡戈·波士一直坚守完美主义，其设计的理念皆反映了当时的社会潮流及人们心境上的变化，而永不过时的设计造就了它的经典品质。本着“着我装者，着我妆”的宗旨，胡戈·波士的香水产品严格遵循其服饰产品系列，根据场合、性别、用途的不同逐一定位，其所彰显的品牌精神已经为全球的时尚男性所肯定。无论在哪里，只要是精品百货公司，就会有胡戈·波士这一品牌的存在。

夜晚是女性进行社交的时间，而一款具有超强吸引力的香水就可以让她们变得更加迷人。如果说波士在 2007 年推出的“光彩（Femme）”彰显的是白天现代女性的气息，那么 2008 年全新上市的“夜之光彩（Essence de Femme）”则充满了成熟、奢华和诱人的女性气息，完美地诠释了女性从白天到夜晚的自然转换。

伊丽莎白·雅顿的经典香水，席卷全球，无人能敌。这一品牌的成功，靠的不是过去辉煌的历史，而是靠一点一滴努力的累积。

——伊丽莎白·雅顿总裁　彼得·英格兰

Elizabeth Arden
伊丽莎白·雅顿

伊丽莎白·雅顿夫人相信香水会说话，它可以说出使用者的心情、个性和欲望。在她这一理念的指导下，伊丽莎白·雅顿的香水如同情绪的魔法师，挥去负面色彩，增添正向能量。这一专为都市唯美主义者而生的香水品牌，推出了多款值得拥有的高贵香水。如果说有了香水，就有了令人蚀骨的浪漫，那么在传统与现代的交融中，不论经典能有多少不同的状态或境界，伊丽莎白·雅顿香水已尽得其精髓。

值得追随一生的经典

Elizabeth Arden

1910年，一个名叫佛洛伦丝·南丁格尔·格雷厄姆的女孩从亲戚手中借了6000美元，在美国纽约的第五大道开设了自己的美容沙龙。不久后，弗洛伦丝·南丁格尔·格雷厄姆改名为伊丽莎白·雅顿，并以此作为沙龙的名称。起先，伊丽莎白·雅顿只卖别人生产的香水。1922年，第一款由伊丽莎白·雅顿自己配制的香水正式推出。而随着一系列安全有效的护肤用品的面世，伊丽莎白·雅顿的这家带有浓重贵族气息的美容沙龙名气也越来越大，逐渐成为当时纽约上流社会中的女士的最爱。到1930年，伊丽莎白·雅顿的

发展规模已足以证明“美国只有3个品牌能享誉全球：可口可乐、辛格缝纫机和伊丽莎白·雅顿的香水”。

在香水制造领域，伊丽莎白·雅顿这一顶级品牌推出的香水品种共有50多款，从典雅的“红门（Red Door）”到美丽的“太阳花（Sunflower）”，从浪漫的“真爱（True Love）”到经典的“第五大道（5th Avenue）”，伊莉莎白·雅顿不同属性的香水能瞬间为使用者的风采加分。它那别致优雅的浪漫格调令众多时尚爱好者为之倾倒，女人喜欢它的清幽，男人喜欢它的妩媚。这个成就了无数神话的香水，性感且高贵，仿佛蕴藏着无限魅力。

1966年，伊丽莎白·雅顿夫人逝世，身后留下了一个年销售额高达6000万美元的化妆品帝国。尽管雅顿夫人生前曾留下遗嘱，清楚地表明伊丽莎白·雅顿公司不可以被分割出售，然而由于经营不善公司最后还是被迫出售，1989年归属于联合利华集团。

1999年，伊丽莎白·雅顿推出的“绿茶香水”源于古老的茶道传统，以绿茶为基质，混合了柠檬、柑橘、麝香、琥珀等多种成分，创造出天人合一的氛围，其清新的气味能舒缓紧张的情绪，令人神清气爽。这款香水一上市，就以其创新的思维与绿茶的首度引用震撼了香水界。对于喜爱这款香水的人来说，它不仅仅是一种香氛，更代表了一种健康的生活方式。

尽管已经易主，但伊丽莎白·雅顿并没有就此将辉煌埋没。对于伊丽莎白·雅顿香水的忠实顾客来说，这一香水品牌提供的某一款产品带给自己的美妙并不只存在于一时一刻，它那个性鲜明同时兼具情绪转折的香味，足以值得追随一生。

通往美丽世界的红门

Elizabeth Arden

在全世界的爱美女性心目中，有一道代表着通向美丽、健康的理想女性之路的门，它就是闻名于世的伊丽莎白·雅顿红门沙龙，它使得女人充满活力，不被埋没在人群中。在这扇门里，数以百万计的女人变得优雅，变得更加美丽。

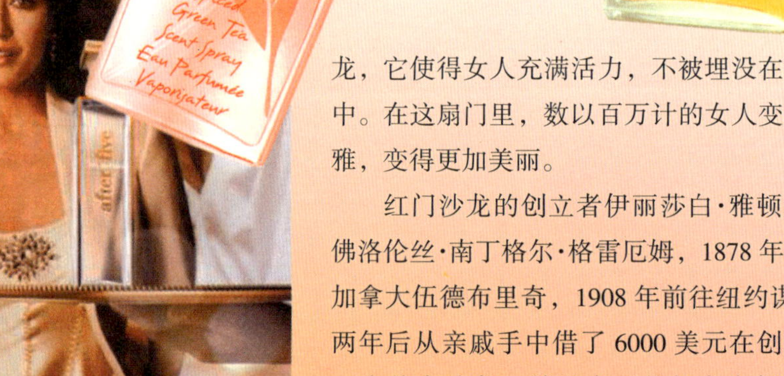

红门沙龙的创立者伊丽莎白·雅顿原名佛洛伦丝·南丁格尔·格雷厄姆，1878 年生于加拿大伍德布里奇，1908 年前往纽约谋生，两年后从亲戚手中借了 6000 美元在创办了一个美容沙龙，并以自己的新名字伊丽莎白·雅顿命名，这个名字的灵感据说是来自小说家伊丽莎白·冯·阿尼姆和丁尼生勋爵的诗作《伊诺克·雅顿》。伊丽莎白·雅顿的沙龙在当时有别于其他如同医院的美容沙龙，其装潢精致高雅，以粉红色作为基调，它的

大门为红色，因此被称为红门沙龙。除了提供最先进和最流行的脸部与身体全身护理外，该沙龙还销售高级服装、珠宝与化妆品，所以当时曼哈顿的女人纷纷开着高级轿车前去光顾，这使得红门沙龙的名气大增。

作为红门沙龙的创始者，伊丽莎白·雅顿享有“香水皇后”和“头脑灵活的女实业家”的美称，她成功地创造了一个国际知名的化妆品品牌。为纪念雅顿夫人，1989 年伊丽莎白·雅顿公司推出了著名的“红门”香水，其设计灵感就来自雅顿夫人开创的红门沙龙。这款香水是伊丽莎白·雅顿最畅销的产品之一，适合聪慧、自信的成熟女性在比较正式的场合使用，使她们充满活力，并显现出其高贵的优雅气质。

情归第五大道

Elizabeth Arden

每一个世界著名的香水品牌几乎都有一个神奇的故事，而有些故事则和其独特的香水名字联系在一起。第五大道处于美国纽约曼哈顿的中轴线，是纽约最繁华的街道，全美国最著名的珠宝、皮件、服装、化妆品商店像一颗颗闪闪发光的钻石，镶嵌在第五大道的两边，吸引着成千上万的游客。而伊丽莎白·雅顿将 1996 年推出的一款女用香水命名为“第五大道”，既显示了其创始人从第五大道开始创业，又体现其所蕴涵的那种尽善尽美的理想和不屈不挠的精神。

被人们称为“众香之巢”的“第五大道”香水采用顶级的保加利亚玫瑰、菩提、依兰和茉莉等原料制成，具有独具匠心的“东西方合璧”的香型，香味清淡却不失持久，高雅又不失柔媚。其瓶身设计简洁大方，以曼哈顿的摩天大楼为瓶侧的线条，优雅利落。这款定位为东方香调的香水适合任何年龄层次的女性，为伊丽莎白·雅顿公司赢得了香水界的重要奖项——FIFI 大奖。而且伊丽莎白·雅顿女士还曾经特别要求，这款香水只能在纽约第五大道销售。

“第五大道”诠释了纽约的第五大道的优雅、华丽、时尚及活力，至今一直是伊丽莎白·雅顿最成功、最经典的代表作，也是最受现代时尚女士钟爱的一款香水。

香水是一扇通往全新世界的大门，所以我选择制造香水，哪怕你仅在我的香水旁边逗留一会，你也能感受到我的设计魅力……

——克里斯汀·迪奥

Dior

迪奥

有一种香水，真挚坦诚却又难以捉摸，天真无邪却又会令人彻底迷醉，它就像魔镜，让女人从中发现自己创造的奇迹，展现出无限的魅力；它又像动力之源，给予男人以自信，从而更加从容地面对生活，这就是始终保持着高贵典雅风格的迪奥香水。如果你想要表达自己的品位、展示个性，迪奥香水是你最好的选择，它的味道能一下子攫取你的魂魄，仿佛是前生注定的缘分，让你无法逃离。每瓶迪奥香水都有自己的性格，它们自问世后就开始等待，等待有人将它在手腕脉搏或耳垂、手背、颈脖上滴上几滴后，让它自然挥发，在肌肤上焕发活力，之后演绎一段芬芳的传奇。

1985 年，迪奥的“毒药”香水在经典的苹果形香水瓶中宣扬着自由、慷慨、激情与放纵的诱惑，以强烈的挑战意味进入了人们的生活。迪奥当时为配合这款香水的推出而举行的晚会盛极一时，由于主办方要求到场嘉宾必须穿上紫水晶颜色服装。一时间，巴黎大大小小的高级时装店为赶制紫色礼服而疲于奔命。之后，迪奥又陆续推出了“绿毒”、“红毒”等香水，将这一魅惑传奇延续到了现在。

悠悠岁月的见证者

Dior

1946 年，一家名为 Christian Dior（一般缩写成 CD 或 Dior，中文译为迪奥）的设计室在巴黎最尊贵的蒙田大道 30 号正式创立。1947 年 2 月 12 日，这家设计室的主人克里斯汀·迪奥先生发布了首个时装系列——“新

J'adore

风格（New Look）”，他让女人卸去厚厚的假肩，露出圆润的肩膀与精致的锁骨；他把连身裙装的腰线提高，勒紧腹部，让女人重归苗条与秀丽；他让裙摆长至膝下，如花朵般怒放开来。凭借这一全新的时装设计，克里斯汀·迪奥先生不但带回了因大战而失去的典雅女性美，而且拯救了法国的时装事业。

作为一个优秀的时装设计师，克里斯汀·迪奥先生认为除了时装之外，如果没有一种完美香水来陪衬，女性的魅力就无法散发得淋漓尽致，于是他在 1947 年又创立了迪奥香水部门，也正是在这一年，一款划时代的香水——“迪奥小姐”（Miss Dior）的面世，奠定了 Dior 这一品牌在香水领域的发展根基。

“Dior”在法语中是“上帝”和“金子”的组合，正如这个名字所蕴含的意义一样，迪奥这一香水品牌在时尚殿堂像金子一般高贵，又宛如上帝一般俯视众生。克里斯汀·迪奥先生是第一个把法国高级时装业从传统家庭式作业引向现代企业化操作的设计师，在香水设计方面，他以法国式的高雅和品位为准则，虽然每款香水平均需要 3 年多的时间来研制，但他始终坚持华贵、优质的品牌路线，Dior 的香水系列因此而经典辈出。1956 年，以清逸铃兰花香为主调的“非常迪奥（Diorissimo）”融合了茉莉花、铃兰等花香，共花了6年的时间才调配成功，创造了展现女性柔美气质的香水的典范。

从1947到1957年这10年间，迪奥公司逐渐发展成为一个巨大的跨国性商业公司，主要经营珠宝、时装、香水、化妆品等产品。然而，1957年克里斯汀·迪奥先生因心脏病突发而离世，致使迪奥公司的发展受到影响。1965年，迪奥被LVMH集团买下，成为其旗舰品牌之一，带有CD标志的服装、皮具、配饰、化妆品、香水等风靡全球，特别是香水表现十分出色。其中较著名的有1966年推出的富有中性气味的“清新之水”。当时女权运动高涨，女士们开始脱下裙装，换

2003年，Dior运用都会、现代感、摩登、修长四大元素，推出了“高度能量（Higher Energy）”男性时尚香水。这款香水以还原男性气概的前调果香，具有积极活力的中调辛香，以及散发优雅品味的后调木香，让男人能够随时随地保持从容稳重的成熟形象。

1999上市的“真我”香水为迪奥的经典代表作，无论香氛还是瓶子的设计均以优雅、高贵风格为主调。其清新甜美的芬芳令人悠然神往，而金碧辉煌的瓶身光滑透明没有一点修饰，瓶颈上自由舞动的金色细带使这款香水显得更加高贵。此后，每逢年底，迪奥都会推出此款香水的限量版，每一款都成为狂热的迪奥香水迷们梦寐以求的珍藏。

1982年，迪奥公司的董事长莫雷斯·罗杰预见到当时的人们开始由物质享乐转向崇尚精神追求，于是，他将孩童时代在海边见到的沙丘作为灵感源泉，推出了“沙丘”香水。此款香水结合了龙涎香、地衣、金雀花百合、牡丹、金雀花的香气，使人们从以前的生活方式中解脱出来，其所散发出来的海洋气息使人如同置身于阳光、沙滩、海风之中。

上长裤，涂起男士用淡香水，而富于清凉柑橘味儿的“清新之水”原本专为男性而设计，后来却成为女性的宠儿。1985年，迪奥推出的“毒药（Poison）”以独出心裁的命名和香调，加上紫罗兰色香水瓶所带来的神秘感，问世后轰动一时，于1986年获法国的最佳年度香水奖，而1988年的“华氏（Fahrenheit）”男香融合了古典和现代的香味，表现出男性的干净利落，获1989年全球最佳男士香水奖。

香水是艺术品，对于有品位的人来说，它的价值并不亚于华贵的时装。在很多场合下，香水是一种语言，它细腻地展示出使用者的文化修养、对生活所持的态度，乃至他的社会地位。迪奥，不仅让使用者感到心情愉悦，也让周围的人觉得心旷神怡，这个品牌早已成为高级香水的代名词，以它特有的芬芳征服了越来越多的人。

花样女孩的花漾甜心

Dior

“迪奥小姐”是迪奥推出的第一款香水，也是世界上第一种以橙花鼠尾草、栀子花等清新香气做前调，沉香、蔷薇等浓香作为后调的香水。在这款香水的背后还有一个有趣的故事：据说克里丝汀·迪奥的妹妹在迪奥专营店里工作时，像一头脱缰的野马般不听兄长的管教，而且上班还常常迟到。因此，店里的人都学当时屯驻在巴黎的美军的语法戏称她为“迪奥小姐（Miss Dior）”。

1947年的一天早上，店里的经理们正在思考如何为一瓶新推出的、充满青春气息的香水命名时，“迪奥小姐”一边喊着“大家早”一边匆匆忙忙地跑进来，克里丝汀·迪奥看到妹妹的样子，灵机一动，立刻决定用“迪奥小姐”作为新款香水的名字。这款香

诞生于时尚、文化和爱情之都巴黎的兰蔻，如同芬芳的玫瑰花，在世人变幻莫测的心间，在捉摸不定的时尚法则中，波澜不惊地绽放，释放出无限的魅力与生命力。带着法兰西与生俱来的美丽和优雅，以香水起家的兰蔻，始终保持着高贵却不高调的态度，给予倾心于它的所有人最温柔的保护和最平实的体贴。也许，兰蔻早已不仅仅代表着一个香水品牌，更是一种情感具体的传达，以独特的芬芳诠释着生活的真正精髓。

一滴香水，万种风情

LANCÔME

素有“20世纪奢华香水之父”之称的阿曼德·佩提让似乎命中注定与香水有缘，第一次世界大战时，由于受战争的影响，其家族生意崩溃，当时的阿曼德只保住了美国香水王国科迪的巴西代理权，并因销量奇佳而受到科迪创办人的赏识，任命其为法国总公司的执行总监。在正式投入香水业之后，阿曼德才发现自己的天赋——可以辨别香水配方中最微小的区别。于是，他一边经营着香水代理公司，一边自学了化学、物理、生物学，这些周边学科使他对香水有着超常的领悟能力。经过一段时间的经验累积，阿曼德决定成立自己的品牌公司。当时美国两大香水公司垄断了世界市场，为了能让法国品牌在全球香水市场占领一席之地，阿曼德于1935年2月21日创立了兰蔻公司。公司成立一个月后，便同时推出了香水、粉饼等产

水问世时，正值第二次世界大战刚刚过去，所有一切都是从“废墟”上建立起来的，当时的香水界以古典香味为主，所以创意非常受限。但迪奥调出的“迪奥小姐”具有花香与动物性香料混合而成的香气，被盛放在漂亮的双耳尖底瓮形状的香水瓶里面，在优雅中充满着年轻的活力，为迪奥数十年的香水传奇揭开了序幕。

2005 年，为纪念克里丝汀·迪奥先生的百年诞辰，迪奥公司香水部门特别邀请著名的调香师克里丝汀·内格尔将“迪奥小姐”进行重新调配，推出了“甜心女香（Miss Dior Cherie)”，这款香水结合了“迪奥小姐”所有的精华，具有青柑橘、焦糖爆米花的气味混合而成的全新香气，香水瓶的瓶身切割精细，上面还系了一个美丽的金属蝴蝶结。立足于传统和现代之间，这款香水打造出新时代女孩的甜美风貌。

2008 年，以“甜心女香”为基础，迪奥又推出了“花漾甜心”淡香水，这款香水香气怡人，掀开了“迪奥小姐”系列传奇的全新篇章。自由、浪漫、娇俏、诗意、率真，如果这些感觉在一款香水里都可以体验，那么你还有什么理由拒绝它呢？

忘记我们的经济压力，忘记下降的营业额，忘记预算，自由地去选择世界上最美好的原材料，我要给那些由于经济原因不能够前来的客人们一款世间最美的礼物。

——品牌创始人　让·巴度

Jean Patou 让·巴度

2002年，让·巴度的第四任专业调香师让－米歇尔·杜里埃创造出了适合东方女性的高贵典雅的女士香水——“Enjoy（喜爱）”。这一最新力作秉承了品牌专有的典雅华贵品质风格，以完美比例调和了华丽的玫瑰香味，每一滴香水都用手工封装入瓶。据说，该款香水尚未正式推出就已经成为奥斯卡获奖女星礼篮中的唯一香水礼物。

在全球林立的香水品牌中只有几家拥有自己的专业调香师，术语称之为“鼻子”（NOSE），而让·巴度就是其中一家。就像画家选择不同的颜色，音乐家选择不同的乐器一样，让·巴度这一品牌的“鼻子”们都是嗅觉大师，他们要对成千上百种味道进行组合和比较，体会常人难以想象的细微差别，直至寻求到几种能够表达他们创意的香味，并调制成一款合意的香水。对让·巴度来说，创造香水纯粹是一门艺术，是在鲜花的世界里进行创作。让·巴度坚持每一瓶香水都是由最佳花材与精油的制作而成，这种追求卓越和完美的体现使得每一款让·巴度的香水都成为经典。

世间最美的礼物

JEAN PATOU

作为20世纪二三十年代最伟大的服装设计师之一，让·巴度先生的许多事迹均已列入服装界的记录。他在巴黎圣佛伦坦街开设的服装屋，由于设计的服装高贵典雅、简单大方，因此受到世人的喜爱。1921年，让·巴度品牌的服装正式发表会前邀请了新闻界人士预先观赏，从此以后，时装界款待新闻界的预展便成为惯例，让·巴度也得以名扬天下。

1925年，让·巴度开始进军香水业，而从一开始，这一品牌便完全是靠自己制造香水，他们有专门的“NOSE”（鼻子，是香水行业中对制香师的尊称）。一直以来都以精良的纯天然原料和悉心的手工工艺创造高贵的香水世界，尤其是其经典产品“JOY（喜悦）”更是奢华尊贵的代表。

1930年，让·巴度出品的“喜悦”香水一推出即被人们所关注，被称为世界上最昂贵的香水之一，同样容量的“喜悦”，价钱大概是“香奈儿5号”的两倍左右。这款香水之所以昂贵是因为让·巴度坚持选用产自法国南部的格拉斯的5月玫瑰和上好的茉莉花作为纯天然原材料，在包装设计上也沿用手工工艺，因此“喜悦”被称为“世界上成本最昂贵的香水”。

1992年，让·巴度公司用“Sublime（烈火情人）”来为一款新研制出来的香水命名，因为他们认为Sublime这个词正代表了这款香水的风格。这款香水香味为花香调，味道大胆、自然清新。香水瓶的设计坚持了让·巴度一贯的传统，以可爱的花苞作为瓶盖的主题，瓶身曲线优美，在当时就成为无数男女赠送给自己的亲密情人的最佳礼物。

JEAN PATOU

也许是因为天妒英才，在时装和香水领域都取得辉煌成就的让·巴度先生1936年就过早去世。之后，他的妹夫雷蒙德·巴巴斯接管了设计室，使得这一品牌长存于世，让·巴度所出品的香水也成为了全世界的女人梦想拥有的珍宝。

现在常见一些的让·巴度的香水基本都是20世纪70年代以后出品的，例如1972年的“1000”、1980年的“巴度男香（Patou Pour Homme）”、1992年的“烈火情人（Sublime）”、1995年的男香“旅行家（Voyageur）”和2002年的“Enjoy（喜爱）”。

让·巴度香水是目前仅有的几个在其产品中大量采用天然原料精华的品牌之一，其卓越的香水品牌，如“喜悦”或“1000”等都要求含有一定量的稀有而又昂贵的植物提取品，而其特别的定制服务更是让很多人神往。当顾客提出定制要求后，让·巴度会派出专业的调香师对其喜好进行深入了解，而调制好的香水必须在顾客使用一个星期感觉满意后，才会真正地投产。这种高标准的品质要求使得让·巴度这一品牌成为世间最美丽的礼物，俘虏了诸多人的心。

世界上成本最昂贵的香水

JEAN PATOU

JOY，这个名字就是一个传奇，这款独一无二的香水造就了让·巴度这一品牌在香水业最伟大的地位，更使让·巴度的名字跨越年代而成为永恒。

1929年华尔街大崩盘后，让·巴度先生那些曾经一掷千金的朋友及客人也无一例外地受到萧条经济的冲击。在这一片愁云惨雾中，让·巴度先生要求其调香师亨利·阿尔梅拉调制出一种与众不同、雅致华丽又经典永恒的香水以作为礼物呈现给他尊贵的客人。经过无数次的尝试，亨利·阿尔梅拉发现了一种全新的配方。这种配方大量采用保加利亚玫瑰、格拉斯的5月玫瑰及茉莉花等珍贵的天然原料，香气浓郁，但是让·巴度先生却让亨利·阿尔梅拉把天然成分的浓度再增加一倍，这一创新之举使得“JOY”由此诞生，并成为了众所皆知的“世界上成本最昂贵的香水”。让·巴度先生将这款香水取名为“JOY”，是希望它可以成为当时晦暗日子里的一抹亮色，在萧条的经济背景之下，“喜悦”表达了对美好生活的快乐憧憬。

作为“世界上成本最昂贵”的香水，仅30毫升的“喜悦”香水就需要至少10多万朵茉莉和300多朵玫瑰，保加利亚玫瑰、格拉斯5月玫瑰和茉莉等珍贵材料的香味组合，使“喜悦”香水前调的鲜花芬芳流溢出最高贵的花朵气质，中调和后调则增添了一份优雅和馥郁，尽管价格不菲，但推出后却大受欢迎。此外，自1930年以来，“喜悦”

香水中玫瑰和茉莉独特的配方都始终如一，永远守护着这款香水那与生俱来的神秘。

“喜悦”香水瓶身设计是当时著名的建筑设计师路易斯·舒易的得意之作，他严格遵循了古希腊建筑黄金分割准则，使整个瓶身看似简单却又隐隐透出高贵典雅，而瓶盖上密封的结全都是用金线精心打造而成。法国水晶制造商巴卡莱特公司在1974年特别为“喜悦”香水制作了一款水晶瓶，每一瓶上都有手工刻制的编号作为限量销售的标志。剔透水晶的熠熠光芒与“喜悦”香水的馥郁芬芳遥相呼应，让人心醉神迷。

调制时间最长的香水

JEAN PATOU

著名调香师让·科罗执掌让·巴度这一品牌的30年间推出了多款香水，其中最特别的当属调制时间最长的香水“1000”。

一般的香水调制时间不过一两年，三年五年的已经比较少见了，像“1000”这款香水那样花了10年时间调制的更是绝无仅有。这款香水尝试过1000种配方，使用了大量的花材制成丰富的香氛，以热烈而散发着水果香味的桃子、杏仁和中国木犀植物的前调开始，中调由5月玫瑰和茉莉，以及鸢尾草和紫罗兰所组合，最终以热烈而感性的檀香味结束。

“1000”同其他香水相比最为特别的是调香师在其中加入了一种原先产于中国喜马拉雅山的木犀属灌木花朵。这种木犀属植物只在春天屈指可数的几个小时内开花，并且每年只能在广东购买一次，因此十分珍贵。当这种非常罕见的白色花朵与玫瑰结合在一起时，就产生了一种甜蜜的香味。

1972年，让·巴度将1000瓶“1000”香水分别装在精致的珠宝盒中，特别标注了从1到1000个号码，并专门用劳斯莱斯车送到巴黎1000名最优雅的女性手中，一时在巴黎城内传为佳话。

让·巴度素以历久弥新的经典香水闻名，“玫瑰情话”香水有着淡雅、精致的花香调，宛如少女般清新甜美，其温柔的香味给人梦幻般的感觉。对于时尚女性来说，这款香水不管是平常的日子或是外出赴约，都是最佳的选择。

JEAN PATOU

作为世界上最具知名度的品牌之一，大卫杜夫不仅因为雪茄闻名于世，它的香水同样引人关注。这一品牌十分注意追求卓越质量，其生产的香水真正成为少数人才能享受的奢侈品。大卫杜夫香水给人的第一感觉像一杯高级红酒，骨子里透露着精致与优雅，充满着感性的味道，令人迷醉。而选择大卫杜夫香水的女士大都对生活充满激情，而男士则是不被现有的一切束缚，这些热爱生活并努力追求成功的男人和女人们活力四射并且极富感染力，就如同大卫杜夫弥漫在空气中的香气一样冲击着身边的所有人。

我不得不向我们的香水师表示敬意，他们让香水成为艺术品，与他们一起工作是最值得高兴的事，因为是他们使大卫杜夫不断破旧立新，开发出更令顾客满意的香水系列。

——季诺·大卫杜夫

Davidoff 大卫杜夫

美好生活的最佳体现

季诺·大卫杜夫 1906 年出生于乌克兰的一个烟草世家，5 岁时为逃避大屠杀随家人移居日内瓦，之后，他的父亲以家庭姓氏为名成立了一家烟草店。从小与烟草为伍的季诺·大卫杜夫进一步拓展了其家族事业，他使大卫杜夫成为具有贵族气质的雪茄品牌，

2008 年，大卫杜夫推出的“追风骑士”男香由著名影星伊万·麦克戈雷格代言，展现出年轻时尚一族颇具挑战精神的全新魅力。这款男香带领着男人们踏上自我探寻的冒险之旅，使他们发现与自己生活全然不同的另一个世界。

DAVIDOFF
ADVENTURE
FEATURING
EWAN McGREGOR
DAVIDOFF
ADVENTURE

同时倡导了一种全新的生活理念，向世人表明高贵的生活并不是住英国的房子、开德国的汽车、戴瑞士的手表、穿意大利的衣服、吃法国的大餐，而是在于生活中诸多细节。

季诺·大卫杜夫不仅是一名成功的商人，对艺术和生活品位也有自己的独特追求。1984 年，他创造出以自己的名字命名的第一款香水，从此与香水结下了不解之缘。1988 年，大卫杜夫推出的新款男性香水——“冷水（Cool Water）”以海洋为创意蓝本，具有清新、自然的风格，以极简主义完美呈现出都会男子内心的浩瀚，成为欧美香水界的主流产品。8 年之后，大卫杜夫推出的“冷水女香（Cool Water Woman）”同样颇受好评。与那些每年都有新产品面世的品牌相比，大卫杜夫的香水推出的间隔时间并不算短。这

2003 年夏天，大卫杜夫推出的“回声”男性香水的香味融合了三种独特香调，包含从都市中吹起的“风”味、都市建筑的“冷”味和小山羊皮的“皮”味，其中特别加入的柔和的“皮”香为男士增添了性感的魅力。2004 年圣诞节前夕，大卫杜夫又推出了“回声”女香，以一种清新的格调重新定义了新时代女性的不凡气质。

是因为本质向来都是最重要的，而大卫杜夫这一品牌深明此道。

季诺·大卫杜夫曾经说过：“我们推出的香水之所以会等待这么长时间，是因为香水需要时间去沉淀。配制香水是一种不同凡响的体验，需要把产自不同年份、不同农场、不同土质的香料混合在一起，这样才可以做出希望的味道。”正是基于这一严谨的生产理念，季诺·大卫杜夫把香水事业发展到极致，使大卫杜夫成为一个誉满国际的香水品牌，并将其享受美好生活的香水文化推广至全世界。

大卫杜夫香水诉诸内，也形诸外，其卓越之处有目共睹。在它所开拓的香水王国里，经典众多，无论是传奇的“冷水”，还是近两年推出的“水精灵（Cool Water Wave）”女香以及“银影（Silver Shadow）”男香，大卫杜夫的盛誉已远超出了其产品本身，它用或浓或淡的香气实践着品牌宗旨，告诫世人应该“以高品质环绕周身，偶尔用奢华纵容自己”，因为这才是美好生活的最佳体现。

生命之水的礼赞

据有关部门统计，高价位精品香水市场有三分之一是属于成熟男性香水的天下，这些强调经典价值的男性香水通常也代表了品牌的核心精神。大卫杜夫专为男性而设计的“冷水”男香是该品牌的经典之作，它凝聚

了大自然中最重要的元素——水、清新空气以及植物的芳香，被称之为“来自肌肤之下”的香水。这款属于清新香调的男香的前调以茉莉花香软化了阳刚味十足的男人，使其慢慢放松下来，而中调以薰衣草与迷迭香为主，芫荽子为辅，最后以橡苔、龙涎香、岩兰草、白檀香与花的芬芳天衣无缝地组合在一起，当其清新的香味弥漫开来时，我们会明白什么是经典香水的魅力。

宝蓝色半透明的瓶身以及清爽、微甜的海洋气息给人一种海洋般的蓝色幻想，仿佛徜徉在大自然的怀抱里，在海边呼吸一样，心旷神怡。这款香水虽然设计简单，却无时无刻不在人们记忆的最深处跳跃，让人无法将其痕迹抹去。

“冷水”并不像它的名字那样给人以冰冷的感觉，也没有遗世独立的味道，它低调而不低俗，平淡而不平庸。1988年，“冷水”面世时，大卫杜夫同时展开了强大的广告攻势，当时有1100万张该款香水的试纸随着时尚杂志附送，这款香水得以迅速走俏。如今在经典男士香水排行榜上，“冷水”也始终占有一席之地。

延续1988年“冷水”男香的特色，2004年大卫杜夫推出了以壮阔的大海为蓝本的“深泉”男性香水。这款香水的前味以柑橘、奇异果渗透着微妙的海洋风味，中味的鼠尾草和西洋杉极具诱惑色彩，后味的桧木、麝香、岩蔷薇则散发着温暖气息，面世后十分畅销。

1996年，大卫杜夫推出了“冷水”男香的“伴侣”——“冷水女香”，这款又称为“清水芙蓉”的香水拥有如水般清凉的味道，闻起来会让人精神一振，心情也变得愉悦起来。这款香水的策划人是皮埃尔·伯顿，这位杰出的香水师以“清水芙蓉”作为生命之水的礼赞，歌颂了生命中的美好与自由。

Davidoff
Cool Water
Davidoff
Cool Water

我爱美好的事物，更爱它们在我手中的感觉，当最初的创意设计跃然成真，内心的激动无以言表。

——休伯特·德·纪梵希

Givenchy 纪梵希

当香水演绎成为一种高品质的生活方式，就如同那些供我们欣赏的艺术绘画、音乐名曲，它们诠释着生活，延伸着个性，彰显着每个人的文化品位。半个多世纪以来，纪梵希以其结合了“法式优雅和美式风华”的品牌风格令众多世人为之倾倒，它的香水系列商品囊括了所有的年龄层，不论是适合少男少女的“小熊宝宝”淡香水，还是融合了5种玫瑰精华适合成熟女性的“倾城之魅”，或者是表现出绅士魅力的“海洋之心”，它们带给人们的绝不仅仅是沁人心脾的芬芳，更是一种超凡脱俗的高贵。

π，一个在2000多年前由阿基米德最早用来代表圆周率的符号，直到今天仍然被广泛运用，这一无限不循环小数象征着宇宙无穷的力量。1988年，纪梵希以π为名推出的一款香水是男性征服欲与表达欲的自然流露，其线条清晰简单的瓶身设计利用了几何学的原理，而瓶身两边的雕刻图案、不规则的密度感，以及琥珀色调的香水，都令纪梵希的男香“π”与众不同。

优雅的代名词

1952年2月，在时装大师巴伦夏卡的鼓励下，休伯特·德·纪梵希在法国巴黎开设了自己的时装屋。同年，以“19世纪旅馆特色”为主题首度推出个人作品的发布会。在这场以白色棉布为主，辅以典雅刺绣与华丽珠饰的时装展中，休伯特·德·纪梵希的创意和才华令在场人士惊叹不已，同时也奠定了

GIVENCHY
ange ou démon
GIVENCHY

纪梵希的“魅力”男香宛如新兴的贵族，不拘泥于繁文缛节，却能引领时尚，前调以天然薄荷叶引领出馥郁而清新的气息，随之而来的中调是首次运用于香水当中的芝麻及摩卡那香醇浓郁的香味，最后在榛果及维吉尼亚雪松那优雅木质调的烘托下，前、中、后调串连起来，展现出这款男香的不凡与高贵。

纪梵希这一品牌在时装界的高贵形象。休伯特·德·纪梵希既能设计令人惊叹的华贵的宫廷样式礼服，也能设计充满活力的时尚服装，在香水领域，他同样屹立在不同时期的时尚潮头，在变幻莫测的流行中得心应手。在时装领域取得一定的成就之后，1957 年，休伯特·德·纪梵希推出了他的第一款香水——“禁忌（L' lnterdit）”。这款香水含有着强烈的刺激味道，却完美地捕捉到了青春少女的清新和浪漫，不仅开创了纪梵希不同凡响的香水风格，而且为香水发展增添了高贵、典雅的元素。

纪梵希的香水王国主要分为女用香水、男用香水及儿童用香水三大类，其中女用香水为三类之冠。在女用香水中，“依莎提斯（Ysatis）”、“爱慕（Amarige）”、“金色年华（Organza）”、“冰火（Eau Torride）”、“倾城之魅（Very Irr é sistible Givenchy）”等皆为经典代表作。1984 年，纪梵希的“依莎提斯”问世的时候，适逢法国香水业受到外来香水的冲击，而具有神秘的东方气息的“依莎提斯”引导了新的潮流，至今仍是最畅销的香水之一。1991 年推出的“爱

慕”是一款为那些非常具有女人味的女性提供的香水，其香水瓶身设计圆润，瓶盖灵感源自于礼服的袖口设计，金色的瓶口酷似一枚结婚戒指，而香味以柑橘与清新的花香为主，反映出女性的柔和气息。1996 年推出的“金色年华”飘荡着森林的芳香气息和轻柔的甘甜香，让女人变得更加神秘、更加浪漫。2002 年，纪梵希公司又推出“冰火(Eau Torride)”女士香水，大胆地结合了冰的纯静与火的狂热，其味道清新性感，是为那些敢于接受生活挑战的女人而量身定做的。2003 年秋天，纪梵希推出的“倾城之魅”融合了全世界最美的 5 种玫瑰香精，展现出女人的纯真、梦幻、优雅及性感的独特魅力。从最初的“禁忌”到新近推出的全球首瓶芬芳花香调的“倾城之魅”，不同款式的女香同时表现出纪梵希的 4 个美丽的密码：高贵、勇敢、感性和激情。在纪梵希香水的衬托下，女人们变得既高贵又活泼，既含蓄又勇敢，既浪漫又充满激情。

从 1959 年的“纪梵希先生（Monsieur de Givenchy）”开始，纪梵希的男香一直表现出一种绅士的姿态，如“纪梵希绅士(Givenchy Gentleman)”、“新绅士（Givenchy Pour Homme）”、“牛仔绅士（Givenchy Blue Label）”等为男性量身设计的一款款独特的香水，让品香成为享受，是有品位的男士宠爱自己的绝佳选择。此外，纪梵希的男士香水类型很广，从运动型到成熟稳重型，每位男士必能找到适合自己的香水。

儿童用香水可以说是纪梵希公司的一大突破。由于在法国涂香水已成为大部分人的习惯，因此 1987 年纪梵希公司联合法国的一家童装公司精心打造了“小熊宝宝(Tartineet chocolate)”这一系列，献给小朋

纪梵希的第九款男性香水“新绅士(Givenchy Pour Homme)”强调了新世纪男性的大胆、动力与灵性，以橙橘、葡萄柚等特殊味道为清新的前调，其后水果香和朗姆酒香结合为成熟内敛的中调，最后是充满男性气概的西洋松以及神秘感性的乳香木调和出优雅后调，让使用者随时随地皆能散发出迷人的男人味。

友或刚开始使用香水的少女。这款香水前调选用柑橘，中后调搭配着温润爽朗的花香，其清新自然而又可爱的特点使其风靡一时，成为法国第一品牌的儿童香水。

古典（Genteel）、优雅（Grace）、愉悦（Gaiety）以及纪梵希风格（Givenchy），这是纪梵希4G标识的构成要素，也是当初休伯特·德·纪梵希所倡导的品牌精神。从1952年在法国巴黎创立到1988年被LVMH集团收购直至发展到今天，纪梵希这一品牌在时装、彩妆、护肤品及香水、家居用品等领域都取得了不俗的成绩。50多年来，虽历经不同的领导者，但纪梵希的4G精神却未曾变动过，它一直保持着优雅的风格，在时装界几乎成了优雅的代名词。一直以来，人们对纪梵希十分钟爱，属于纪梵希的优雅篇章，始终精彩动人。

2002年，为了庆祝品牌成立50周年，纪梵希隆重推出“我的霓裳（My Couture）”香水，主香调为玉兰花，并融合了木材琥珀香与覆盆子花蜜。瓶身上，银色的古典仕女图案搭配着黑色的底色，瓶子背面的脚架设计，让整款香水有如一个优雅的模特，更衬出女人的高雅。

赫本与纪梵希的梦幻组合

BIJOUX
GIVENCHY

休伯特·德·纪梵希凭借其独树一帜的优雅格调，在时尚界享有盛名，他曾为温莎公爵夫人、摩纳哥的格雷丝公主以及索菲亚·罗兰、伊丽莎白·泰勒等不同年龄、不同身份的名流设计服装，而他与奥黛丽·赫本忠贞不渝的友情，以及他所创造出的“赫本旋风”也成为一段佳话。

休伯特·德·纪梵希与奥黛丽·赫本保持了长达40年的友谊，他深谙赫本独特的气质，在他的巧手妆扮下，身材瘦平、脖子纤长的赫本焕发出优雅风韵，同时她又成为纪梵希品牌的最佳代言人，除了大部分戏服，生活中的赫本几乎是非纪梵希服装不穿。休伯特·德·纪梵希还专门为赫本设计了一款专属香水——“禁忌”，这是赫本一生中最爱使用的一款香水。据说，当1957年纪梵希调配成这款香水后，赫本曾开玩笑地说：“如果这香水是给我的，那么我禁止你把它卖给别人。”“禁忌”由此得名。另一种说法是，为了保证香水和赫本一样，保持纯净的气质，这款香水在实验室中一直被贴着禁止触碰的标识，所以后来就被取名为“禁忌”了。无论这些故事是真是假，“禁忌”与赫本密切相连，对于很多人来说，拥有了这款精心调制出的香水，仿佛也就拥有了奥黛丽·赫本的优雅一样。也许是纪梵希把自己对奥黛丽那种说不清楚的感情注入了香水中，也许是奥黛丽·赫本的清纯、典雅的笑容给他留下的印象太深，他让“禁忌”在淡雅之中又带有某种浪漫、清纯和梦幻般的气息。“禁忌”打开了纪梵希香水化妆品世界的大门，而奥黛丽·赫本与休伯特·德·纪梵希这一梦幻组合也为时尚树立了一个优雅的样板。

香水界的年份珍品

BIJOUX
GIVENCHY

很多著名香水公司的经典香水都会有很多版本，也许是新设计师的灵感，也许为了品牌多少周年的纪念，于是在原有款式的香味上融入一些全新的元素，包装上再做一些调整，之后推出的限量纪念版必然会引起世人的青睐。从2004年开始，纪梵希一直致力于在大自然中寻觅最纯净、最上等的花香元素来提炼和制作香氛，历经3年后终于在全球搜寻到含羞草、茉莉、玫瑰这3种花卉的最优产地，在买断并收获了这些最优质的花卉后，纪梵希的调香师们用这些独一无二的最高质量的原料，结合品牌原有的3款经典女用香水的配方，在2008年为香水爱好者们呈现了限量的年份香水。

含羞草带着一种温暖的令人迷醉的香气，伴随着香豆素和类似于茴香的甜味，而2007年印度的泰米尔纳德邦地区产的含羞草的气味更加清淡、新鲜，仿若空气般轻盈，正是这份轻薄、灵动造就了“2007年份爱慕女用香水”。“2007年份倾城之魅女用香水”选取的大马士革玫瑰产自波斯的达德斯河谷，其独有的优雅华贵使其在高级香水领域被誉为“花之皇后”。茉莉因为香味层次丰富而被誉为“花的艺术家”，2007年埃及尼罗河三角洲地区产的茉莉用其令人迷眩的馥郁香味使“2007年份女神女用香水”的花香气息更为协调。这3款香水各具魅力，可谓是香水界的年份珍品。

其实，每一个著名的成衣品牌都有着自己的香水品牌。在我推出高级成衣品牌十多年后，我的风格已经形成，这时，自然而然地我会将我对于时尚的把握、我的灵感和创意运用在香水中。

——品牌创始人　洛俪塔·琅碧卡

Lolita Lempicka 洛俪塔

当公主遇见了王子，世界上便有了童话和爱情；当现实遇见憧憬，生活便多了希望和期待；当香水遇到了梦幻，人间便有了让人惊艳的洛俪塔。它丽质天成，神秘、优雅而性感；它出身名门，曾多次获得专业香水大奖；它天真甜美，有着小女孩的清纯；它风华绝代，流露出成熟女性的独特魅力……这一来自法国的顶级香水具有一种神秘的气息，童话和仙境的色彩总是萦绕在它的周围，带给世人许多关于香气的幻想，惊鸿一瞥时你会情不自禁地喜欢上它，一旦与之相交，你将无可救药地迷恋上它。

当现实遇见幻想

Lolita Lempicka

1984年，当乔西安妮·皮维多以洛俪塔·琅碧卡（简称洛俪塔）为名创立了自己的品牌后，时装界的一个美丽传说掀开了序幕。这位法国设计师让自己的想象力在现实世界里尽情驰骋，将浪漫、激情与唯美相结合运用到设计中，形成一种梦幻与现实相映生辉的独特风格，为洛俪塔这一品牌的成功奠定了坚实的基础。

在诸多以洛俪塔命名的产品中，最成功的是香水。1997年，洛俪塔推出了其品牌的第一款香水——“洛俪塔·初”，以独特的水晶苹果外形、淡紫色的神秘色彩、独特的品

在包装、香水瓶、店铺装饰和广告中，处处可以看出洛俪塔对于常春藤的偏爱，“洛俪塔·初”系列香水的头香选择了常春藤叶的特别香味是因为四季常青的常春藤竭力牢牢地攀附在墙壁上，就如同缠绵永恒的爱情，而一旦离开了它所依附的墙壁就会立即枯萎，这种执著和坚决代表着一个盟誓：“没有爱情，宁愿死亡！”

Lolita
Lempicka
Lolita
Lempicka

牌韵味以及极富女性气息的芳香在众多香水产品中显得格外醒目，特别是其小巧的金色苹果蒂上竟然隐藏着香水的喷口。通过这个小巧的水晶苹果，洛俪塔不露声色地将神秘、浪漫、华丽的品牌风格都完美地表现出来，因此一经推出便获得香水界的很多专业奖项，成为时尚的宠儿。

在香水市场上，洛俪塔女香是一种能唤起人回忆的香水，以鲜明的个性同时吸引着不同个性的女性。凭借“洛俪塔·初”这个被仙女赐予爱之魔力的紫色水晶苹果，洛俪塔为所有的女性创造出一个永恒的爱情童话。2000 年，因为有了“洛俪塔男香(Lolita Lempicka Au Masculin)”的隆重推出，这个爱的童话变得更加浪漫迷人。“洛俪塔男香”从一个全新的角度对男性魅力进行了诠释，它的自然风格得到众多男性发自内心的响应。

洛俪塔每年都会推出极其精致的限量版香水，以供那些最喜欢该品牌者收藏。洛俪塔在 2007 年特别推出的“午夜之花”限量珍藏版香水被包藏在银色蕾丝的护套中，并装饰着一朵迷人的花，这朵存在于梦幻和现实之间的花朵让我们的生活充满童话的光彩。

如果说“洛俪塔·初”香水是森林里的仙女，“洛俪塔男香”就是让仙女依靠的参天大树。“她”与“他”都有着丰富的象征含义，互相对比，互相吸引，互相补充，这对“神仙眷侣”成为香水界的浪漫传奇。

在经典的“洛俪塔·初”香水推出近十年之际，洛俪塔再次向世人展示了品牌独特的创意与想象力，它将现代浪漫主义和诗意童话完美结合，推出了其全新的“L”系列香水。如果说“洛俪塔·初”叙说的是森林深处仙女的故事，而“L”告诉我们的则是关于海的记忆。当童话中美人鱼的爱情故事被化成一个大写的字母“L”出现在世人面前后，洛俪塔的精心设计再次让我们惊艳，那贝壳、海星、水滴所装饰的心形玻璃瓶好似出自海底精灵的宝盒之中，而清新的香气则让人如同置身海天之间。

有谁能融合神秘性感和天真甜美？有谁能让童年记忆和童话里的精灵仙子永远留在你的身边，唯有洛俪塔。洛俪塔的每一款香水都是那么独特，它为青涩的女孩奉上一片芬芳，为成熟的女人添上一种风情，为男人打开浪漫之门。如今这位香水界中的仙女将继续她的童话之旅，为我们带来更多的欢乐和惊喜。

洛俪塔·琅碧卡的来历

Lolita Lempicka

大部分的设计师都是以自己的名字来为品牌命名，但是乔西安妮·皮维多这位法国设计师却不按牌理出牌，1984年她创立自己的服装品牌时以“Lolita Lempicka（洛俪塔·琅碧卡，简称洛俪塔）”为其命名，甚至后来还将自己的名字也改成洛俪塔·琅碧卡，

首先扑面而来的是苦橘的清新，接着是肉桂的独特辛香，这使得香子兰的香氛和珍贵木香变得更加强烈。洛俪塔的“L”系列香水如此迅捷地撒出了它的香氛之网，让使用者瞬间失去了自控力，迷失在其温柔的芬芳之中。

将自己的名字改为与自己创立的品牌同名，她可以说是第一人了。

Lolita 来自著名小说家纳博科夫的同名小说，该书曾被列为禁书，但书中那个集天真与性感、早熟与叛逆于一身的少女洛俪塔，却让人印象深刻，后成为极有象征意义的名字，为世人所熟知。Lempicka 对很多人来说相对比较陌生，事实上它来自于著名美女画家塔玛拉·德·琅碧卡的姓氏。塔玛拉·德·琅碧卡 1898 年出生于波兰一个富有的律师家庭，据说她在 16 岁时就发誓“一生只过奢华的生活”。1918 年与丈夫到了巴黎后，由于生活陷入了窘境，塔玛拉·德·琅碧卡做起了职业画家。5 年后她在意大利的个人作品展上大获成功，被媒体赞为“美貌新锐女画家”，一时间在欧美的上流社会中拥有塔玛拉·德·琅碧卡签名的肖像画成为身份和品位的象征。

Lolita Lempicka

20 世纪 70 年代初，塔玛拉的艺术作品连同她的传奇故事再次受到世人的关注。众多的欧美艺术画廊突然之间四处搜寻她的作品，各大拍卖行也趋之若鹜，而那些引领世界时装新潮流的时装设计师们也闻风而动，纷纷将塔玛拉作品中的人物服饰设计成流行服饰。乔西安妮·皮维多则干脆将塔玛拉·德·琅碧卡的姓氏与洛俪塔这一性感少女的代名词结合在一起，创建了 Lolita Lempicka 这个全新的品牌。之后，这位时尚设计师凭借自己的杰出作品引起了强烈反响，在以男性为主的法国时装领域被誉为“时尚女皇”，而 1997 年第一款女性香水正式推出后，更是为其带来巨大的殊荣。

从 1999 年到 2004 年，洛俪塔香水被享有盛名的 FIFI 大奖分别授予“最佳法国香水奖”、“最佳欧洲香水奖”，并在 2004 年被法国女性公推为最希望得到的香水品牌。在推出后不到 8 年的时间里洛俪塔香水就获得如此巨大的成功，被公认为时尚界的奇观。

Lolita
Lempicka

我们最关心的是如何创造最好的香水，而不是一味地追随时髦。

——多米尼格·多尔斯

Dolce & Gabbana 杜嘉班纳

如果你想要尝试性感狂野风格的香水，也许90%的香水资深人士会为你推荐杜嘉班纳。这一时尚界最受欢迎的品牌之一，其生产的香水种类虽不多，却总是受人羡艳，不时造成轰动，其男用香水无时无刻不在诠释着男性的坚强，而它的女用香水则让女人展示出一种野性的美。作为意大利华丽冷艳风格的代表，杜嘉班纳的香水超越了传统意识形态和文化界限，成为极致奢华的全球代码，用淡淡的香气征服着它所弥漫的每寸疆土。

意大利香水业的振兴者

DOLCE & GABBANA

多米尼格·多尔斯和斯特法诺·格巴纳在携手共创杜嘉班纳这一品牌前，人生的道路是全然不同的，一个从小便常跟随父亲在服饰店内玩耍，熟知布料、裁剪与缝纫等专业知识，另一个则与时装完全搭不上关系。他们最初相遇在米兰的一家时装店，一起做了两年的助理设计师工作之后，志同道合的两个人决定创立自己的品牌，于1985年组建了Dolce & Gabbana公司。这个源于两位创始者的名字的品牌就如其中文译名杜嘉班纳一

对杜嘉班纳的香水设计师而言，每位女性都是独特的，为了让她们如明星般耀眼，杜嘉班纳特别推出了“唯我”女用香水，这款香水融合了百合、茉莉、荔枝以及麝香等原料的精华，既时尚又带有古典风味，盛装在奢华的金色瓶内，诱惑着女性去展现自己动人的风采。
DOLCE & GABBANA
the one
DOLCE & GABBANA
the one

一瓶男性香水应该是一种男性的强烈表征，为了印证这一真理，杜嘉班纳在 1996 年推出了“心动”男用香水。这款为衬托男士独特的魅力而设计的香水，其清新的果香味渗透出一种独特的男性气息，令无数女士为之心动。

样奇特，其创业之初坚持独立完成所有服装的制版、裁缝和装饰配件，而且只任用非职业模特儿走秀，在当时非常讲究排场的时装界可以说是相当独树一帜的，并且很快以招牌式的意大利西西里的性感风格走红全球。

在大众的期盼之下，杜嘉班纳于 1992 年正式跨足香水产业。当时意大利香水界已有阿玛尼、费雷、范思哲这三大巨头，而杜嘉班纳异军突起，展示了别样的风格。1992年10月，杜嘉班纳推出与品牌同名的女性香水，其前调为常春藤、甜九层塔、柑橘，中调为甜橘花、茉莉、玫瑰、铃兰、金盏花，后调为檀香与麝香，这款散发着优雅高贵气息的香水面市后十分畅销，并于1993年获得了米兰的"年度最佳女用香水奖"的殊荣。在女性香水获得成功之后，杜嘉班纳于1994年又推出品牌同名男性香水，同样赢得众多喝彩，并于1995年囊括了"最佳男性香水奖"、"最佳男性香水包装设计奖"以及"最佳男性香水广告奖"这三项大奖。

杜嘉班纳的香水种类虽然不多，但没有任何一款会给人似曾相识的感觉，款款都是精美艺术和高贵品质的结晶，其中比较经典的有1997年推出的"放纵（By DOLCE & GABBANA）"男女对香、1999年的"真性（D&G Masculine）"男香、2001年的"浅蓝（Light Blue）"女香以及近年推出的"唯我（The One）"女香，每一款都独具一格，不但凝结了西方传统文化的精髓，而且具有独特的意大利特色，因而获得了许多重要的奖项。除了代表着一种另类风格之外，杜嘉班纳更代表了一种反对随波逐流的生活方式，它将意大利带入一个不循规蹈矩的流行领域，从而振兴了意大利的香水业，也为时尚男女带来与众不同的全新体验。

前卫一族的最爱

DOLCE & GABBANA

杜嘉班纳这一品牌的创始人多米尼格·多尔斯和斯特法诺·格巴纳被称为时尚界的"哼哈二将"，这对来自意大利的经典组合在1985年第一次参加米兰的"新天才"组别的时装秀时，即以独特的服装设计和高水平的剪裁而震惊时尚圈。经过多年的发展，这两位设计师将他们的设计风格变成时尚界的一面旗帜，而以二人姓氏组合而成的DOLCE & GABBANA也成为闻名世界的品牌。

很多人把D&G看成DOLCE & GABBANA的简写，事实上D&G是杜嘉班纳的副线品牌，这个从主线品牌的复古、华丽、宗教气息的精神延伸而来的年轻副牌近年来越来越受欢迎，其主要产品有服装、配件、内衣、香水等，获得了年轻一代及追求前卫一族的喜爱。

D&G旗下的香水产品不论在款式上还是

1998 年，善用动物皮纹来营造狂野风格的杜嘉班纳推出的“放纵”男女对香将斑马纹与豹纹的原始奔放注入香水造型之中。斑马的自由代表着男性的狂野，因此“放纵”男香的味道辛辣而阳刚，绚丽的豹纹则寓意着女性的难以捉摸，所以“放纵”女香的味道妩媚中又带有奔放。这两款香水虽然包装简单，却透露出一种桀骜不驯的味道，是杜嘉班纳最畅销的产品。

在香味上，都更加年轻化，用古灵精怪来形容它一点也不过分，其风头甚至超过了其他一线正牌，特别是其生产的香水更是颇受好评。如 1999 年推出的“真性”男女香水的包装设计都是一样的，但在香氛的表现上却很迥异：女香充满了麝香及迷人的花香，具有甜美的感染力量，而男香则强调柑橘及木香的清新活力，充满生命力。这两款香水面世后，十分畅销，以热情洋溢的另类风格征服了大批年轻人。

地中海之恋

DOLCE & GABBANA

被誉为“香水界奥斯卡”的 FIFI 年度香水大奖从 1973 年开办至今，已成为香水界中一年一度的盛事。2008 年 5 月 21 日，第 36 届 FIFI 奖在纽约举行了颁奖典礼，其中杜嘉班纳的“浅蓝（Light Blue Pour Homme）”男用香水获得“年度最佳奢华男香”奖，这是继“浅蓝”女用香水在 2006年获得欧洲最畅销女香后，杜嘉班纳这一品牌的香水再次受到专业评论家和广大消费者双方面的肯定。

杜嘉班纳的设计师们撷取了地中海元素，将清淡的西西里柠檬、青苹果、风铃草融合成“浅蓝”女性香水的前调，用浓烈的茉莉、清新的竹子、性感的白玫瑰构成的中调使女性更加性感，而香柏、麝香的沉静深远则让这趟地中海香氛之旅余味缭绕，散发着更持久的芬芳。“浅蓝”男性香水可以说是性感与现代感兼具，其前调融合了佛手柑、西西里柑橘、葡萄柚皮的纯净香气，中调释放出迷迭香的辛辣，后调则结合麝香、香薰与橡苔展现出属于地中海的迷人气息。

“浅蓝”这一独特的男女对香相互映衬，对于热恋中的情侣来说，一起使用会使彼此变得更加迷人而且充满诱惑力，给人以置身于地中海的梦幻感觉。

SICILY
DOLCE & GABBANA

SICILY
DOLCE GABBANA

如果你到纽约旅行时，一定要去罗迪欧大道上毕坚的香水店领略一下毕坚的风采。在罗迪欧大道上的毕坚专卖店价值 100 万美金的水晶吊灯是由其生产的香水瓶构成的，充分显示出毕坚的实力。

——品牌评介

Bijan 

毕坚

一直以来，香水总在世间男女中施展着浪漫魔法，它不仅是一种气味，代表着每个人不同的特质，更是一种制造记忆的方式，而每盎司 300 美元的超昂贵的毕坚香水以华丽热情作为其标志，吸引了杰克·尼尔森、阿诺·施瓦辛格以及西班牙国王、沙特王子等知名人士，被诸多社会名流称之为“宴会指定香水”。昂贵的香水有“液体钻石”之称，而作为当今世界上最昂贵的香水之一的毕坚使那些讨厌使用冒牌货的人终于找到一款别人无法模仿制造的香氛，因此毕坚香水自从面世以来，一直受到香水界极高的评价，成为美国香水的一个传奇。

美国香水的典范

bijan

位于美国洛杉矶比佛利山附近的罗迪欧大道，是与巴黎的香榭丽舍大道、纽约的第五大道齐名的全世界追随时尚潮流的人最向往的商业街，汇集了许多世界奢华品牌的专卖店，而且每一间名店都有其独特建筑风格。在罗迪欧大道北街420号有一家著名的香水专卖店——毕坚，这家店也是世界上目前为止唯一一家毕坚指定专卖店。

1976年，具有波斯血统的美国设计师毕坚·帕克萨德在好莱坞成立了一个男士时装公司，他在比佛利山上的罗迪欧大道开的专卖店，很快就成了电影明星的最爱之一。

1981年，毕坚·帕克萨德进军香水业，并成功推出了“毕坚男用香水（Bijan Perfume for Men）”，现在一瓶6盎司就要3000美元。1987年，毕坚·帕克萨德又推出了“毕坚女用香水（Bijan Perfume for Women）”，这款香水主要由依兰、水仙、柑橘花、茉莉、玫瑰、幽谷百合、橡木苔、天竺薄荷与檀香组成。由著名调香师彼德·伯姆历经两年半的时间调制而成，其热情诱人的花香与充满异国情调的木苔味结合得非常完美，诠释了女性的优雅高贵。毕坚这款女香的香水瓶设计也非常独特，当香水用了一半时，不满的香水会成为各自分开的两部分，从视觉上挑战了万有引力定律。看似两部分组成的一个圆圈实际上并没有经过任何粘合，而是一个无缝整体，此香水瓶因设计独特而申请了专利保护，而每盎司300美元的超昂贵价格更是让这款香水成为诸多人渴望拥有的极品。

毕坚香水自从面世以来，一直受到香水业界极高的评价，成为美国香水的一个典范和传奇。目前毕坚的主要香水产品有“毕坚女用香水”、“毕坚男用香水”、“螺旋（DNA）”和“淘气的毕坚（Bijan Wicked）”等，其顾客很多都是著名人士和企业名流。以浓郁花香与清柔果香为初调，毕坚的男香和女香给香水界吹来一阵奢华之风，成为各精品店陈列柜中的镇店之宝。

1993年，毕坚推出了以“螺旋（DNA）”为名的另类女香。这款香水融合了花香、琥珀与东方3种调性，勾划出女人感性、妩媚及深度的一面。其螺旋状造型的香水瓶子设计相当独特，如同DNA一样充满神秘色彩。

Calvin Klein
you're the one
ck
one
summer
Calvin Klein

看见了时代广场的卡尔文·克莱恩香水广告，人们才意识到自己身处纽约。

——《纽约客》

Calvin Klein

卡尔文·克莱恩

极具个性色彩的卡尔文·克莱恩香水颠覆了传统香水的华丽形象，从而开创了香水史的新风格。对女人来讲，被卡尔文·克莱恩香水包围是一种曼妙的感觉，像是在神秘之夜中独自曼舞，魅力四射；对男人来讲，卡尔文·克莱恩香水则是热情与洁净的体现，其香气一如温柔的情歌令人悠然神往。为浪漫增添情色，为爱情营造情调，为平凡赋予传奇，在卡尔文·克莱恩的香氛中，不分种族、性别和年龄的人们共同分享美好。

美至极简

Calvin Klein

1968年，卡尔文·克莱恩在美国纽约成立了以自己的名字命名的Calvin Klein公司，并逐渐将其营造成一个代表时尚生活方式的世界级品牌。这一在时尚界纵横了40年的品牌颇有盛名，从很多大都市最繁华路口的香水广告牌到美女猛男的贴身内裤上，Calvin Klein的标志随处可见。卡尔文·克莱恩是一个极具现代精神的设计师，曾被英国版的《时尚》杂志赞誉为“创造秩序的王子”，在他的领导下，品牌旗下的相关产品层出不穷，最为知名的内衣、牛仔服以及香水等，均以极简、舒适、华丽、休闲又不失

在纽约这座典型的欲望都市中，同时有着世上最繁忙的华尔街、最奢华的第五大道、最惬意的中央公园，恐怕世界上没有哪个城市能像它一样，轻而易举地把人吸引到它身边，并以难以言喻的方式挑拨着人的感观。在纽约，卡尔文·克莱恩的产品总是备受推崇，其最新推出的“迷情晶彩限量版”女士香水在施华洛世奇的水晶瓶中闪耀着夺目的光芒，释放出恒久不散的芬芳，让人如同置身于梦幻之中。

优雅的形象赢得消费者的青睐。

信仰完美主义的卡尔文先生不仅创立了一个世界上最知名的时装品牌，同时也是20世纪末香水界的引路人之一。1985年，卡尔文先生推出了第一款香水“迷惑(Obsession)”。当时的美国社会纵欲享乐之风盛行，而“迷惑”正反映了当时人们的心态和社会风气，这款香水散发着茉莉花、檀香木、琥珀、麝香相融合所带来的芬芳，配以圆润的香水瓶，再加上令世人惊艳的广告宣传，不但在当时风靡了时尚圈，而且也确立了其香水品牌此后的市场地位。1989年，卡尔文先生推出了“永恒(Eternity)”，这款献给其新婚妻子卡里·罗克的花香型香水成为天下有情人的最好见证。而1993年推出的“逃逸女用香水（Escape for Women）”和“逃逸男用香水（Escape for Men）”则体现了那些生活在都市的男女，渴望暂时摆脱每日重复紧张的日程，逃逸到野外清新自然环境的愿望。

“迷惑”、“永恒”、“逃逸”这3款香水被称为卡尔文先生的人生香水三部曲，而真正让卡尔文·克莱恩这一品牌的香水名声大振的是1994年推出的“克莱恩1号（CK One）”中性香水。虽然这款香水并不是历史上第一款中性香水，但其绝对是第一款真正改变了消费者对香水固有概念的中性香水。20世纪90年代中期，女权主义深入文化领域，无性别之差的趋势充斥时尚界，带来中性香水的悄然流行。而“克莱恩1号”这款无性别香水刚问世不久就创造了5800万美元的销售纪录，在香水界里掀起一阵潮流旋风，至今依然有大批的拥趸者。

“永恒”这款香水的命名灵感来自于不爱江山爱美人的温莎公爵对爱妻的情爱誓言，以优雅的花香为主调。“永恒”男女对香完美地结合了古典与现代、永恒与时尚，散发出鲜花的浪漫芬芳。如果说缠绵悱恻的恋情是热恋情侣最美好的憧憬，那么“永恒”香水则成为天下有情人之间最好的见证。

如果说卡尔文先生总能预测人们的需求，也许是因为这位设计大师不受昙花一现的流行趋势的影响，才能不断创造出一系列时代潮流的香水。除了“CK One”、“CK Be”这两款不分年龄、性别的中性香水之外，“冰与火（Contradiction）”和“真实

（Truth）”、“永恒”系列限量版、等系列的男香和女香都十分畅销。一直以来，淡淡的卡尔文·克莱恩香水的香味弥漫在世界的不同角落里，在一代代的年轻人之间构建了一个美丽的梦幻王国。

中性香水的先驱

Calvin Klein

“无论是设计服装、香水或家居，我的灵感总是来源于对现代男女生活的仔细观察。”对于自己的成功，卡尔文先生曾如是说。这位杰出的设计师有着极其敏锐的潮流触角，能抓住年轻一代人的口味。他以大衣和男装起家，在纽约第七大道，他曾是时装界的新人，为了拿到一张订单，自己推着载满样衣的手推车穿越整个曼哈顿；如今，竖立在纽约时代广场的卡尔文·克莱恩香水广告牌则早已成为这个世界之都的名片。

卡尔文先生所有的作品都体现了“简洁”的艺术风格，看上去不拘繁缛礼节，却又十分优雅，他比任何一个设计师更懂得将时代风格融进自己的作品中。如1994年推出“克莱恩1号”中性香水时，正值女权主义兴起，女性喜欢嗅到男性香水所散发出来的诱惑异香，而男性反过来亦然。于是，卡尔文·克莱恩有意淡化性别上的分歧，其推出的“克莱恩1号”揭开了香水革命新文化时代的序幕。这款前所未有的男女通用香水，前调是风梨与木瓜混合的明亮清新味道，复合花香的中调，最后是麝香与琥珀的混合香味酝酿出自然的性感。此外，这款香水还舍弃了繁杂的包装，以线条简洁有力的威士忌酒瓶容器盛装香水，强调简约、个人主义和自由解放，面世后迅速风靡全球，并使中性香水由此大行其道。

继1994年风靡全球的中性香水“CK One”和1996年同样诉求男女皆可使用的“CK Be”，2007年CK推出全新的“CK IN2U”。IN2U意即 in to you（喜欢你），这款为那些以电脑为主要沟通手段的年轻一代而调配的香水，被称为是一款蕴含着“技术性感”的香水，在简讯式语汇已自成一派的今日，使用“CK IN2U”即暗暗向对方表示“我喜欢你”。

a new fragrance
limited edition
ck
one
electric
Calvin Klein

古典但不追随传统，优雅但不刻意，巴宝莉把华丽、尊贵、清新等各种互不相干的元素完美地融合在一起。

——品牌评介

Burberry 巴宝莉

没有丝毫夸张，就能抵挡百年风雨，至今仍保持着一贯所秉持的传统精神而屹立不倒，它就是让人喜爱甚至令人尊敬的英伦风尚代表——巴宝莉。在世界上诸多香水品牌中，恐怕没有哪个香水品牌可以如同巴宝莉那般，既具备乡村风情又有城市格调，并且流行和经典并存。巴宝莉香水秉承了其品牌的一贯形象，保持着自己的经典和高贵，将一流的制作工艺、耐久实用的性能与简洁大方、优雅精美相结合。无怪乎有人称巴宝莉的香水为品位高贵、内涵丰富、工艺精湛的艺术品，它确实是英伦文化的完美体现，充满了优雅的韵味。

巴宝莉的“伦敦”香水是为了纪念品牌成立150周年而推出的，被评论界喻为“真正的英国香水”，因为其香水瓶上“穿”上了最能代表英国风格的巴宝莉式格子布料，甚至连包装纸盒都用了特殊的凹凸印刷技术，营造出立体而逼真的布料感。

英国风尚的代表

巴宝莉最初是英国老资历的服装品牌，以独特的布料、经典的格子图案、大方优雅的剪裁赢取了世人的欢心。如今的巴宝莉涉足的并不只有服装业，它所创造的香水品牌

LIVE FROM LONDON

BURBERRY
BRIT

巴宝莉的“动感节拍”被誉为2008年女性不能没有的一款香水，还未上市就引发了全球时尚女性的疯狂追捧。对于这款融合了时尚活力、音乐与舞蹈的香水，巴宝莉创意总监克里斯多夫·贝利说：“年轻、现代感、活力、震撼、时髦、活泼、有趣、活力四射的，正是我们希望利用‘动感节拍’女香所传达的时尚概念”。

在世界上更是首屈一指。由于创始人托马斯·巴宝莉生于英国，受到英式教育的洗礼，所以根据纯正英国人的作风，巴宝莉推出的一系列香水超越了抽象和感性的范畴，体现了人性化的率真和对完美个性的推崇，充满现代的时尚风格。

巴宝莉公司最早的一瓶香水是1924年推出的一款集玫瑰、茉莉、橘花之香的淡香水，此款香水在当时受到人们的普遍欢迎，不过，巴宝莉的经典香水是在20世纪90年代后不断推出的。1996年，巴宝莉推出了第一款女士香水“伦敦（London）”，其清新的果香调流露出女性俏丽的一面，成为当年的经典之作。1998年，巴宝莉推出“周末（Weekend）”男女对香，其设计灵感来源于人们对于周末的期待，因为周末时家人聚会或者与情人浪漫出游时是让人感觉很幸福的事，而“周末”男香和女香那时尚清新的气息同样能给人带来轻松自在的感觉。

2000年，巴宝莉推出了日后广受欢迎的“情缘（Touch）”男女对香，以柔和中带有香料味的气息营造出某种织物的绵软质感。2002年，巴宝莉延伸了“情缘”的产品线，推出了宝宝专用香水——“宝宝触感（Baby Touch）”，不仅适合小孩使用，大人同样也适用。2003年，巴宝莉为使“触摸”系列更完美而推出了“柔情触感（Tender Touch）”，这款洋溢着浓郁花香味道的女性香水，使人感觉犹如投入了大自然的怀抱。近两年，巴宝莉又推出了“红粉恋歌（Brit Sheer）”和“动感节拍（The Beat）”等全新作品，均获得消费者的好评。

如今，巴宝莉这一品牌已经成为一种生活品质的象征，这个具有典型的英国传统风格的品牌就像一个穿着盔甲的武士一样，保护着大不列颠联合王国的时尚文化，既体现了现代英国人的怀旧风格，但又不乏现代活力，其香水则是品质与精致美学的完美结合，于不经意间流露出尊贵而又优雅的气息。

感念过去，展望未来

格子在英国可谓源远流长，据考古学家发现，最早的格子图案是在苏格兰中部出现的，距今有1700多年的历史。在英国早期，格子是家族标志的象征，不同大小颜色的格子代表不同的村落、地方或家族。这一传统的形成也许要归功于英国国王乔治四世，他曾经穿着苏格兰格子巡视了苏格兰，并且宣布“让所有英国人都穿着自己的格子”，之后英国人开始纷纷为自己的姓名设计格子图案。据调查，现在在英国“知名格子注册中心”申请专利的格子已经数以千计了，而巴宝莉无疑是其中最有名的。巴宝莉的由浅驼色、黑色、红色、白色组成的三粗一细的交叉图纹于1924年首度现身，不张扬、不妩媚，象征了英国的民族和文化。

2004年，巴宝莉推出的“风格（Brit）”女性香水采用最受欢迎的清甜花果气息，瓶身的设计则延续品牌精神，别出心裁地采用了经典的英格兰格子图案，以简单的设计充分表达出巴宝莉的风格。这款香水的香味充满活泼的气息，仿如青春少女般的自然纯真，而象征英伦风格的格纹则为其增添了华丽的尊贵气息。由于“风格”女香面世后极受欢迎，2004年底巴宝莉又顺势推出了“风格男香（Brit for Men）”。这款具有清新的东方木质调的香水被认为是英伦风尚的代表，体现了巴宝莉“感念过去，同时又展望未来”的品牌理念。

dunhill

每个男人都有征服欲，而征服男人的征服欲望成为男人与登喜路之间的博弈。从1893年打开奢华的魔法之门那一刻开始，登喜路就给男人带来一种神秘的诱惑，仿佛是永远逃脱不了的魔咒。英伦独特的风情使得这一品牌有着传统、优雅的一面，而品牌创始人阿尔弗雷德·登喜路对速度的热爱又使其拥有野性、自由的另一面。尽管世界上存在着为数众多的香水品牌，但也许唯有登喜路兼具男性阳刚魅力与英国式的优雅风格。

迷人的英伦风情

dunhill

1893年，艾尔弗雷德·登喜路从父亲手上接过专门经营马具的家族企业，这位当时年仅21岁的管理者开始将登喜路的风格定位为有骑士色彩的绅士产品。在厌倦了马具生意之后，他开始尝试涉猎其他不同领域，甚至专门建立了登喜路专利开发公司来研发新产品，其卓越的创造力体现在防风烟斗、

登喜路的“时尚诗人”男香以柠檬、天竺葵为前调，其清新的香味重新定位了英国绅士形象，为那些温文尔雅的男士增添了独有的魅力。这款香水的瓶身设计灵感来自古典的英式跑车，而刻意偏于一侧的喷头加上烟熏般的灰色瓶身，表现出男性的独立自由风格。

dunhill

登喜路作为奢侈品牌，可谓实至名归。它崇尚经典，与时俱进，坚持将创意设计、完备的使用功能和卓越的品质完美结合。

——著名影星　裘德·洛

Dunhill 登喜路

手调烟草等发明上。秉承所有产品应“实用、可靠、美观、恒久而出类拔萃”的宗旨，艾尔弗雷德逐渐将登喜路这一品牌发展壮大，为登喜路的百年伟业奠定了牢固而坚实的基础。100多年来，登喜路这个英国历史上最悠久的男性品牌，在皮革制品、烟草、时装、腕表、香水等诸多领域都取得显赫成就，不论时尚如何风云变幻，登喜路总是走在精致生活的最前端，深受社会各阶层成功男士的推崇。

作为专门生产男士用品的奢华品牌，独到的设计、高贵的品位，显示出登喜路对完美的坚持，早在20世纪20年代，登喜路就成为英国皇室的御用供应商，其旗下的产品以周到的细节设计为使用者带来无限惊喜，而其实用功能更是让人体验到前所未有的美好感受，因此威尔士亲王曾大力向各国显赫要人推介登喜路产品，而西班牙阿方索国王以及温莎公爵、毛姆、哈代等人都是其忠实的顾客。特别是登喜路的香水，不仅受到男性顾客的喜爱，更成为女性顾客在为家人或

登喜路于2007年推出的“绅士探险家”香水突显出男性喜爱探险、不受世俗规范的另一面，这款香水的灵感来源于辽阔的非洲大草原，是专为那些宠爱自己、渴望冒险、热衷于尝试新事物的男性而设计的。立体玻璃瓶直接印映出如赤陶土般的棕色香水，其多层次的混合性香调引领了一次充满无限可能的冒险之旅。

在充满活力的现代都会中，登喜路热情而性感的“欲望”男香会让男士们变得更加奔放。这款历时7年研发而成的香水推出时，由著名的足球明星贝克汉姆代言，不仅在当时非常畅销，即使现在也是很多男士的最爱。其红色的香水瓶已成为现代设计的经典之作，而其独特的芳香气味所散发出的魅力更是不可阻挡。

伴侣挑选礼物时的最佳选择。

自1934年登喜路推出了第一款香水后，这一品牌一直将简单的设计风格、完美无缺的香味和无与伦比的制作工艺巧妙结合，创造出极具英伦风格特色的香水系列。不断创新的英伦风情是登喜路区别于竞争对手的一贯作风，其推出的“欲望（Desire）”、“恣意（Fresh）”、“X中心（X-Centric）”、“纯净能量（Pure）”等经典香水都十分畅销，每一款都如同时尚的艺术品，拥有独特高雅的特质，令人赏心悦目。

dunhill

并不是所有的英国品牌都能够像登喜路一样，在世界每一个角落都有资格站出来让挑剔的有钱人品头论足，阿尔弗雷德·登喜路以近乎于偏执的绅士式思维在一个多世纪前为登喜路注入了贵族般的灵魂，并使之常盛不衰。这个百年历史的奢侈品牌具有敏锐的应变能力，它总是能够事先预估到人们想要购买什么样的产品。因此，很多有品位的男士都喜欢抽登喜路的雪茄，通过登喜路的手表来知晓时间，用登喜路的墨水笔签署文件，更喜欢洒一点登喜路的香水，用其独特的芳香彰显自己的格调。

男性世界中的女掌门人

dunhill

凭借卓越品质及优质服务，登喜路这一品牌在 20 世纪 20 年代就声名远扬，赢得诸多达官贵人的喜爱，并成为英国皇室的御用供应商。

1921 年，登喜路开始在美国纽约开拓市场。1933 年 11 月，登喜路将其在纽约的分店迁移至第五大道上的洛克菲勒中心的帝国大厦中。该店整整占据了大厦中的 5 个楼层，为那些品位高雅的美国顾客提供从流行服饰到文具、化妆品及香水等多种类型的产品。

阿尔弗雷德·登喜路唯一的女儿玛丽·登喜路是纽约分店的董事长，她原先是一位美发师，拥有着和她父亲一样的商业头脑。

1988 年 2 月 24 日，玛丽·登喜路在去往公司开董事会的途中去世了，然而这位商业奇才在登喜路的发展历史中的地位却是不可抹杀的。她在 20 世纪 30 年代早期为登喜路在美国开辟疆域做出了杰出贡献，开发了多款化妆品及香水品牌，其中包括于 1934 年推出的首款男性香水——“登喜路男香 (Dunhill For Men)”以及 1943 年推出“逃脱 (Escape)”女性香水化妆品系列，问世后均深受好评。

2006 年，登喜路隆重推出的“恣意”男香以清新草香调为主调，展现出都会男子有如海天般的宽广胸襟。这款香水以带着明亮水纹浮雕线条的水蓝色盒子包装，造型极为摩登的水晶瓶当中盛满了水蓝色香水，恰如其分地演绎出登喜路的品牌风格。

当许多品牌不断对美丽做出承诺时，爱斯卡达则独自坚持追求如何激发快乐。

——伯瑞安·雷尼

Escada 爱斯卡达

香水是时尚的特定符号，不论潮流如何变化，它都是不可或缺的时尚用品。由于与服装业有着紧密的联系，爱斯卡达的香水会随着品牌每年的流行趋势而不断推陈出新，当我们将其一款香水据为己有时，也自然而然地接受了它所代表的最时尚的流行概念。这个源自一段传奇爱情的香水品牌，它的诱人魅力不仅是让我们可以愉悦自己和他人，而且会给予我们一种属于原始感官上的直觉体验。作为引领现代生活的时尚指标，爱斯卡达对于香水文化的挖掘和演绎已达到了登峰造极的阶段，它的丰富性和个性化令每一个闯入其香水王国的探香者都能找到自己的所爱，都能够尽情体会到前所未有的愉悦。

诱惑与魅力同在

ESCADA

1976年，德国女设计师玛格蕾斯·莱伊和丈夫伍尔夫·莱伊于在慕尼黑创立了一个时装公司，爱斯卡达这一品牌从此诞生。作为一名设计师，玛格蕾斯·莱伊坚信仅靠创造力是无法成功的，还应在新颖的创意与强烈的市场意识之间寻找平衡点。凭借对时装潮流的最好的领悟能力，玛格蕾斯·莱伊一次又一次地将自己的绝佳创意与生活实用成功地融合在一起，从而塑造出爱斯卡达品牌简洁洗练的鲜明形象。

除了时装外，爱斯卡达也一直致力于开拓世界顶级香水产品，1990年推出的与品牌

ESCADA

同名的“爱斯卡达”女用香水充满了感性色彩，其香水瓶是手工制作的心形，并饰有镀金的曲线字母纹饰，可以说是高贵、典雅与温柔的完美融合，一直十分畅销，成为爱斯卡达在香水事业中的奠基之作。

爱斯卡达向来以出品优质的淡香水著称，而且在每年其德国幕尼黑总部会从当季服装中选出一个主题作为中心概念，相应推出一系列优质淡香水。这些香水都是从其品牌服装布料的材质与颜色出发，进行设计香

自 1993 年起推出“雪纺果汁冰”后，爱斯卡达每年都会推出限量版的香水，2004 年推出的“热情岛”延续了该品牌春夏限量香水的热情、性感风格，其味道清新自然，给人春回大地的感觉。这款专为年轻、自主、思想前卫的都市女子所设计的香水，展现出其自信、积极、独立的新风貌。

水瓶身与包装，香味则以各式花果调为主，在服装发表后的5个月内完成上市，而下一款出现的时候前面的就被替换下来。这个传统是从1993年的“雪纺果汁冰（Chiffon Sorbet）”和1994年的“普罗旺斯之夏（Summer In Provence）”开始的，这种独特的香水生产风格使其得以在竞争激烈的香水市场中立于不败之地，也赢得了诸多消费者的青睐。

ESCADA

爱斯卡达旗下的男士香水不多，只有与品牌同名的“爱斯卡达”、“电光火石（Magnetism）”和“休闲周五（Casual Friday）”等，而爱斯卡达的女士香水以花香和果香调为主，“阳光花园（Jardin de Soleil）”、“热带风情（Tropical Punch）”、“性感香迹（Sexy Graffiti）”、“情定夕阳（Sunset Heat）”等女香将女人的风韵描绘得淋漓尽致，正如爱斯卡达品牌创始人伍尔夫·莱伊先生所说：“现代优雅女性如要把自己享受生活的态度展现出来，非爱斯卡达莫属。”

爱斯卡达的“性感香迹（Sexy Graffiti）”女香自面市后一直颇受好评，其粉红色瓶身极具诱惑力的视觉效果，而喷洒了这款花果香味的香水的女子，在野草莓、香子兰、麝香等香味的弥漫中会变得更加性感。

不论是爱斯卡达的女用香水还是男用香水，都具有着浪漫的贵族情调，有内外兼修的底蕴，从瓶身设计到香水散发的气息都充满着致命的吸引力，时而含蓄内敛，时而艳丽妖娆，诱惑与魅力同在，令人爱不释手。

ESCADA
ROCKIN'RIO

多年来，虽然香水品牌此起彼落，但爱斯卡达却傲然屹立，被誉为“永恒之爱的化身”，为我们的生活增添了美丽的色彩。

一次浪漫的邂逅

ESCADA

几乎每个深入人心的香水品牌背后都有一个神奇动人的故事，而爱斯卡达这个卓越品牌是由一次浪漫的邂逅所成就的。该品牌的创始人玛格蕾斯出生于瑞典，她天生丽质，相貌出众，20 世纪 50 年代开始在维也纳当模特，后到了慕尼黑，在这个城市她遇到了才华横溢的伍尔夫·莱伊，二人一见钟

情，相识一个月后便结了婚。据说这对伉俪有一次参加赛马时看中了一匹叫爱斯卡达的纯种爱尔兰良驹，于是在它身上下注，结果赢得头彩，于是玛格蕾斯·莱伊便将自己设计的时装品牌命名为爱斯卡达，一个著名的国际时装品牌就这样在 1976 年诞生了。

多年的模特生涯使玛格蕾斯·莱伊形成了对时装的独特见解，因此她总能尽善尽美地设计出各种颇受消费者喜爱的服装款式，而伍尔夫·莱伊持有工商管理硕士学位，在

他的经营管理下，爱斯卡达公司的产品销售、生产与推广都十分顺利，夫妻二人齐心合力，使爱斯卡达成为时尚界中一个重要的奢侈品牌。

ESCADA

1992年，玛格蕾斯·莱伊因癌症去世后，伍尔夫·莱伊从此再未爱上别人，因为他对妻子的爱从来没有停止过，他把自己的怀念寄托在爱斯卡达的每一瓶心形香水里。虽然这对夫妻没有孩子，但有了爱斯卡达这一经典流传的品牌就足够了，那是他们纯洁的爱情最好的延续方式。因此，有人说爱斯卡达香水是人类渴望爱情的象征，其清新甜美的味道给人带来愉悦的感觉，拥有它也就拥有了无限的爱情魔力。

香水是男人在女人面前的最好装饰，也是其自我风格的最好呈现。爱斯卡达的“电光火石”男香所散发的气味绝对非比寻常，它不仅会让女人心动，也会让拥有这款香水的男人所处的整个空间充满感性的磁场。

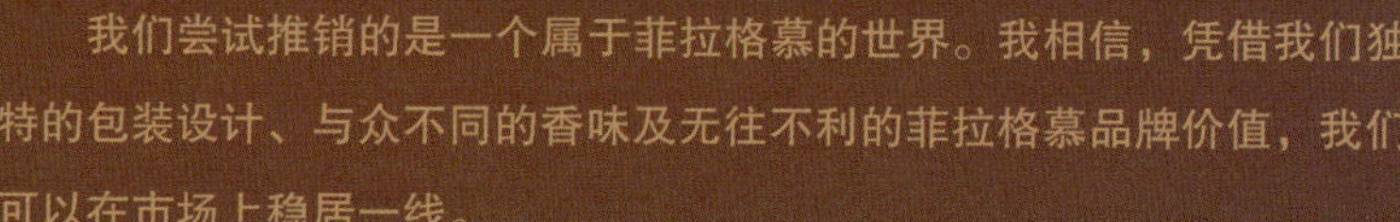

我们尝试推销的是一个属于菲拉格慕的世界。我相信，凭借我们独特的包装设计、与众不同的香味及无往不利的菲拉格慕品牌价值，我们可以在市场上稳居一线。

——菲拉格慕香水分公司总裁　鲁契亚诺·柏特奈尼

Salvatore Ferragamo

萨尔瓦多·菲拉格慕

作为全球举足轻重且最具知名度的高级奢华品牌，稳固的工匠技术与创新设计是菲拉格慕奠定其地位的两个主要因素。一直以来，这一品牌以“装饰男女，从头到脚”作为座右铭，其制作的鞋子成了各界名人的必然之选，其生产的香水无形、无色、无属性，却比声音和景象更能拨动世人的心弦。如今，香水产业中已经拥有了不计其数的品牌，香水的种类成百上千，然而与那些虽热卖但味道平庸的香水相比，萨尔瓦多·菲拉格慕的香水给予世人的绝非仅仅是一种嗅觉体验，我们永远无法预知，它们所汇集的能

萨尔瓦多·菲拉格慕在2006年推出的“梦中情人（Incanto Charms）”融合了欧洲时尚与精致的异国风情，传递出遥远国度的魅惑与神奇的吸引力。透明圆弧的香水瓶由著名雕塑设计师塞尔日·曼索设计，栩栩如生地描绘出幻想世界里光影层次交叠的魅力。

POUR
HOMME
F by
Ferragamo
Salvatore Ferragamo

incanto
dream
dream
incanto
Salvatore Ferragamo
Salvatore Ferragamo

量会让使用者在顷刻之间便发生怎样超乎想象的华丽蜕变。

装饰男女，从头到脚

Salvatore Ferragamo

萨尔瓦多·菲拉格慕先生1898年出生于意大利的伯尼托，以制鞋起家，1914年到了美国，当时正值加州电影业急速发展，萨尔瓦多从此和电影结下了不解之缘，成为电影巨星的专用鞋匠，奥黛丽·赫本、苏菲亚·罗兰、玛丽莲·梦露等都曾是他忠实的顾客。1928年第一家以萨尔瓦多·菲拉格慕命名的公司在佛罗伦萨成立，当时这家公司有60多名员工。萨尔瓦多可以说是第一位大量生产手工鞋的人，他设计制作的华丽而又精美的鞋不断引领着时尚潮流，使得萨尔瓦多·菲拉格慕这一品牌声名远扬。

1960年，萨尔瓦多离开人世前留下遗愿，要将萨尔瓦多·菲拉格慕壮大成一家"装饰男女，从头到脚"的公司。创造力、激情和韧性是菲拉格慕家族恒久不变的价值观，并代代相传，在萨尔瓦多的后人的共同努力下，萨尔瓦多·菲拉格慕逐渐发展为一个集男女时装、手袋、丝巾、领带、香水系列等为一体的时尚帝国。

一向给人尊贵感觉的萨尔瓦多·菲拉格慕在2004年推出的"水晶瓶"男香，以时尚的风格令品牌增添了不少年轻活力。2006年面世的"美梦成真"则以更时尚的风格示人，把男性外在刚阳、内在儒雅的气质尽情展露出来。

早在1998年萨尔瓦多·菲拉格慕就推出了与品牌同名的女士香水，这款香水以牡丹、玫瑰、鸢尾兰及铃兰等为原料，其充满诱惑力的花香为女性增添了魅力。此外，其流线型的香水瓶身就像一个女人一样，使其成为一款极有女人味的香水。1999年，萨尔瓦多·菲拉格慕又推出了与品牌同名的男士香水，由经典的若兰草、西柚及无花果叶等交织成的香味清新自然，而一眼即可辨别出

F for Fascinating
The new eau de toilette
Salvatore Ferragamo

的与女香配对的瓶身更是引人注目。在接连推出的两款香水都获得成功之后，萨尔瓦多·菲拉格慕意识到香水市场的巨大潜力，为了能使其生产的香水同样能成为同行业的领导者，2001年萨尔瓦多·菲拉格慕成立了专门负责生产和销售香水产品的分公司。此后，该公司生产的“水晶鞋（Incanto）”、“梦幻天堂（Incanto Heaven）”、“非我莫属（F by Ferragamo）”等女香以及“蓝色经典（Subtil pour Homme）”、“美梦成真（Incanto Pour Homme Essential）”等男香都十分受欢迎，款款经典，其漂亮的外观、迷人的色彩、经典的韵味都让拥有的人觉得物有所值。

现实始于梦想

Salvatore Ferragamo

1916年，卡尔·桑德堡的《芝加哥诗抄》出版后引起一片争议，也使他名声大振，并奠定了他作为具有独创精神的诗人的地位。2005年，萨尔瓦多·菲拉格慕从卡尔·桑德堡的著名诗句“现实始于梦想（Nothing happens unless first a dream）”获得灵感，推出了“水晶鞋（Incanto）”系列的第二款香水“梦游仙境（Incanto Dream）”。

2008年，萨尔瓦多·菲拉格慕全新推出的“非比寻常”女香以独具品牌美感的瓶身设计和令人难以抗拒的花木淡香，给予在事业上闯出自我天地的新时代女性更多想象的空间。

在著名调香师洛朗·布吕耶尔的精心调配下，“梦游仙境”具有花果香调与木质调融合而成的迷人气味，其前调是一阵甜美的菠萝、珍奇的芒果等构成的清新诱人的果香，中调带着高雅的牡丹及鸢尾花所散发出的淡淡气息，后调则扩散出浓郁的白麝香及檀香味。该款香水的圆弧形的香水瓶是由著名雕塑设计师塞尔日·曼索倾力打造，造型别致，在诸多香水产品中独具一格。这款香水非常适合那些乐观无忧而且能够掌握自己未来的女人，她们可以在甜美而清新的香氛中进入缤纷的梦想世界，去体会未来操之在己，为了梦想应勇于冒险，这样才能无拘无束地享受生命。

在美国市场调查公司尼尔森2007年年底进行的调查中，来自48个国家的2.5万名消费者被问及，如若不考虑经济因素，他们会购买哪种奢侈品牌的商品，古驰成为这些消费者的首选。从意大利的高级皮革店到在香水界独放异彩，从家族纠纷声势一落千丈到再度崛起，古驰从云端到谷底，再从谷底到云端的历史如同一段传奇。古驰时装一向以高档、豪华、性感而闻名于世，而古驰香水则散发着无穷的魅力，营造了一个温暖、感性的世界，其所体现的生活哲学正巧契合了现代人追求实用与流行美观的双重心态，在机能与美学之间取得了完美的平衡。

流行浪潮的制造者

1898年，年轻的古奇欧·古驰怀抱着梦想前往英国伦敦，并在瑟佛酒店谋得一职，虽然那不是他最满意的工作，但他却因此而了解了当时上流社会人士的喜好。1922年，

古驰的“忘情巴黎”女士香水将桃子与木莓的酸甜及玫瑰、茉莉等香料结合，再融入丁香的香味，给人的感觉就好像一步步走出自己的路的坚强女性一样。这款香水的瓶身以纯净的水晶为质地，线条流畅，与香水相得益彰，令使用者爱不释手。

无论是性感妖娆，还是颓废潦倒，古驰一直都在展示它最奢华的一面，在别人都在讲究单纯的物质奢华的时候，它已经先人一步走上了文化奢华的舞台。

——品牌评介

Gucci 古驰

古奇欧·古驰回到故乡意大利佛罗伦萨，在那里开了一家专门出售行李配件和马具的小店，并以自己的姓氏注册了品牌商标。由于

他曾在瑟佛酒店工作多年，对英国贵族的优雅美学和高雅品位深有心得，因此古驰从创立之初一直走的是贵族化路线，很快赢得了顾客的好评。虽然当时因战争的缘故皮革原料缺乏，但古驰却适时发挥创意，推出的“竹节包”备受各界名流青睐。此后，经过

半个多世纪的发展，古驰的竹节包、印花丝巾和鹿皮的平底靴都成为了经典。更值得一提的是，古驰最初为了保障品质而将品牌名字印在自身产品上，这在世界时尚史上可谓首创之举。

在20世纪五六十年代之间，古驰已成为财富与奢华的象征。不幸的是，1953年11月15日，72岁的古奇欧·古驰突发心脏病，倒在盥洗室的地板上离开了人世。律师宣读他遗嘱的那一刻，古驰家族开始了漫长的分裂之路。由于古奇欧·古驰的子女在分配公司遗产时纷争不断，而古驰品牌也因授权过度泛滥而沦为处处可见的大众化品牌，经济状况每况愈下。1994年，当风光一时的古驰集团濒临破产边缘时，美国投资集团将

古驰的“贵族（Nobile）”男香的香型沉稳大方，正如其名字一般体现着贵族般的优雅。这款香水散发出由柑橘、薄荷、薰衣草、檀香组成的香气，给人带来一种清爽的感觉，而黑色的瓶盖加上绿色的瓶身，使这款香水展现出与众不同的个性。

其收购，并任命才华横溢的设计师汤姆·福特出任创意总监。

如果说一个设计师可以挽救濒临死亡的品牌是一个神话，那么当汤姆·福特接管古驰之时就是神话成真之时。汤姆·福特全然改变了古驰过去的华丽风格，以其前卫、时尚、大胆、简约的设计，终令古驰起死回生。这个时装神话的创造者为古驰注入性感的基因，使这个具有百年历史的品牌重新焕发出生机，并逐渐成为年轻一族喜爱的时尚品牌。因此古驰的历史可以分为两个阶段，第一阶段的古驰是属于传统型的，第二阶段的古驰则具有鲜明的时代特色，自 1995 年开始被称为“汤姆·福特时代”。

作为一个介于商人和创意者之间的成功人士，汤姆·福特深知古驰要卖的并不仅仅是服装，更是一种氛围，他不仅奇迹般地将古驰的时装改变为崭新的摩登形象，并且于 1997 年成功地推出了一款著名的香水——“嫉妒(Envy)”，使古驰在香水领域也占有了重要的一席之地。“若让别人妒嫉，就该拥有嫉妒”，这款名为“嫉妒”的女士香水，使古驰在香水界引起诸多同仁的“嫉妒”，这一“殊荣”使得古驰的香水部门再接再厉，于 1999 年推出了新款女香——“狂爱(Rush)”，这款充满 20 世纪 70 年代怀旧风格的香水，从广告、包装一切均以红色为主题，推出之后，受到许多女人的宠爱。

一直以来，时尚界不断发展变化着，世

人的追求和审美观念也随之而改变，但古驰不仅声誉卓著，而且仍然保持着无与伦比的魅力。让所有的产品无可挑剔是古驰的一贯宗旨，无论是传统的“嫉妒”、“狂爱”，还是近年来推出的“忘情巴黎（Accenti）”女香、“贵族（Nobile）”男香，古驰的香水设计师们用一款款神奇的香水制造出不同时期的流行浪潮，诱惑着世人一同沉醉其中。

性感的古驰

提到古驰的香水，很多人最先想起的一定是它那款最著名的“嫉妒”，几乎在所有古驰专柜，盛装在巨大而简洁的长方形瓶中的“嫉妒”都高傲地矗立着，引人注目。

顾名思义，“嫉妒”这款香水就是令人对擦上它的女性既羡且妒，其以葡萄花为主要香味材料，再加上风信子、木兰花、铃兰、茉莉、紫罗兰及麝香等精华制成，虽然盛放于简洁的方柱形瓶子中，却在幽香缭绕中散发出妖魅气息。

性感而又充满时尚气息的“嫉妒”香水所用的容器整体修长而透明，如现代摩天大楼般的建筑风格显得大方流畅而又简洁利落。此外，“嫉妒”所采用的葡萄花每年只在6月初开放，花期只有一周的时间，这无疑使这款香水更加珍贵。

继“嫉妒”女香之后，同款男香从香味构思、瓶子设计、广告意念皆是由汤姆·福特一手包办的。作为一名一流的设计师，汤姆·福特可以让自己设计的香水广告接近伦理道德所能承受的底线，引起反响，却不会被禁掉。当时的媒体对于其设计的香水，称之为“新摩登主义”。在汤姆·福特引导下，古驰掀起的时髦、时尚、性感等话题，至今也没间断过。他一改古驰过去的华丽风格，

古驰在2002年推出全球第一款与品牌同名的女香之后，在2003年深秋又特别推出了亚洲版同名女香，这款由设计大师汤姆·福特亲自设计、指导的香水，以自然光亮、性感诱惑、经典时尚为主题，线条简洁的水晶玻璃瓶与俏丽的粉红色香水互相辉映，洋溢着浓浓的复古味，充满女性魅力的东方花香调在麝香的衬托下，更加诱人。

让颓废大放光彩，并注入性感的基因，直到今天古驰仍被誉为最性感的品牌。

古驰的拯救者

多米尼克·索勒和汤姆·福德这对“梦幻组合”不仅让昔日濒临破产的古驰重新焕发光彩，而且稳稳占据全球第三大奢侈品集团之位。2004年4月，这对最佳搭档的离开被诸多的人看作是古驰又一个危机时代的来临，然而，事实证明，原本不被看好的古驰新掌门人罗伯特·波雷特却再次创造了一个新的神话，在他的一系列改革之后，该品牌又得以飞速发展。

在2004年7月出任古驰集团首席执行官之前，罗伯特·波雷特在联合利华全球冰激凌和冷冻食品部门服务了26年，从未有过奢侈品行业从业经验。在他接任时，大多数时尚界人士都认为这个局外人会彻底断送古驰的前程，因为在他之前古驰集团的历任统治者都是时尚圈内的大明星，当时《纽约时代》杂志甚至发表文章提出了这样的质疑：“冰激凌大王能拯救时尚业吗？”而《纽约客》杂志则刊登了漫画进行讽刺，内容是：一个小摊贩在大卡车上兜售古驰的手提包，就像兜售小点心一样。然而，正是在罗伯特·波雷特的领导下，2007年古驰集团的营业收入上升了29.3%。如今再没有人用“冰激凌大王”的称呼来质疑罗伯特·波雷特驾驭全球第三大奢侈品集团的能力了，他在原总裁多米尼克·索勒和设计总监汤姆·福特辞职、十余位高管离职的关键时刻临危受命，之后，他用时间和事实证明了古驰集团的选择完全正确。

GUCCI
ENVY
me

香水应该是一种与你如影随形、看似不经意却无时不在的味道，而不是某种毫无生命力的标签。

——品牌创始人　乔治·阿玛尼

Giorgio Armani
乔治·阿玛尼

“乔治·阿玛尼香水永远都让人风度翩翩”，如果你正在为不知用什么香水而伤脑筋，不妨试试这句流行于欧美上流社会的香水指导。香水，作为阿玛尼时尚王国重要的组成部分，有着与其时装相同的特质，优雅至上，低调奢华，在全球赢得了广泛的赞誉。来自于阿玛尼的时尚王国里的每一款香水所诠释的不仅仅是一种风格，更是一种精神状态，一种超越时尚的生活方式，它给予女人的是魅力，给予男人的是自信，这使得重视时尚的人几乎都有一个共同的想法，在一生中至少得拥有一款阿玛尼的香水。

意大利的时尚教父

Giorgio Armani

如果编制一份世界上最杰出的时尚大师名单，乔治·阿玛尼先生必然名列其中，这位来自意大利的伟大的设计师从根本上改变了当代时装的标准，他创造了一个世界：在这个世界里，没有男人和女人的界限，没有过去与现在的鸿沟，没有服装与身体的区

笔。1982年，乔治·阿玛尼先生推出品牌的第一款女用香水，名字就叫“阿玛尼”，这款用可爱的八角形瓶子装着花香型的香水面世后颇受欢迎。也就是在这一年，乔治·阿玛尼先生成为继克里斯汀·迪奥之后第二个荣登《时代》封面的时装设计师。此后，阿玛尼逐渐发展成为带有阶级品位的品牌。对于很多男士来说，阿玛尼的服装已成为事业有成的象征。1984年，乔治·阿玛尼先生根据自己的服装设计理念而设计出一款男士香水，这款与品牌同名的男士香水充分体现了这位设计大师的简约主义设计风格。如果说阿玛尼的服装彰显的是优雅与简洁，那么与其品牌服装一脉相承的香水同样雅致而不招摇。乔治·阿玛尼先生认为，即使是高级香水也应保持含蓄内敛的矜持之美，他的这种

香水里融入了感情，就会有灵性，就会有生命，阿玛尼的“寄情水”男香让香氛与肌肤融合，其清新的味道有如体香般散发出来，因此成为世界上最畅销的男士香水。

分，有的只是一个以其名字命名的让人肃然起敬的品牌——“乔治·阿玛尼（简称阿玛尼）”。不过分前卫，也不会落伍，永远在优雅与时尚之间完美地保持着平衡，这是阿玛尼时装的最大特色。

香水与时装共舞，一直以来都是时尚界的佳话，一个时装设计师能够推出畅销的香水应当是其职业生涯中锦上添花的重要一

阿玛尼的“曼尼”女香的主调来自珍贵的白毫乌龙茶，前调为艾草和小豆蔻，艾草可以让香味更持久。而龙涎香和麝香构成的后调可以增添温暖柔和的感觉。这款香水清新而甜美，给人以春天沐浴后的清新舒畅感。

理念深深地影响了20世纪80年代的香水界的设计风格。

进入20世纪90年代，乔治·阿玛尼先生将其设计理念定位为删除不必要的装饰，强调舒适性和不着痕迹的优雅。这种看似简单又包含无限的独特创意同样被灌输于阿玛尼的香水中。1995年推出的“寄情水(Acqua Di Gio)”女香由埃及风信子、绿茉莉、栀子、丁香、琥珀、檀香、橙花、桃花等组成，这款专为现代自由女性而创作的清新香水虽设计简单，却尽显优雅，因而在1996年获得FIFI奖。之后，阿玛尼推出的“印记（Code)”、“感性（Sensi)”、“曼尼(Mania)”以及“阿玛尼珍钻（Emporio Armani Diamonds)”等女士香水也均以优雅的风格征服了诸多有品位的女性。

阿玛尼的女士香水是全球五大女士香水品牌之一，而其男士香水则是无可争议的全球男士香水第一品牌。在全球销量最高的3款男士香水中，阿玛尼的“寄情水”和“印记”两款男香分列第一和第三位，特别是“寄情水”男香自1996年上市以来已经在全球售出2500万瓶。

阿玛尼香水高雅简洁，庄重洒脱，具有十足的意大利大家风范。对于很多想要拥有阿玛尼香水的女性来说，阿玛尼是对其个人品位的极大挑战，因为能够使用这一品牌香水的人仅有单纯的时尚气质是不够的，最好还要能够领悟融入香水中的真正内涵，这样才能体验到阿玛尼香水的最高境界。而喜欢乔治·阿玛尼香水的男人大多内敛但不缺乏激情，他们富有教养，表面上沉默寡言，其实内心世界却非常丰富，阿玛尼的香水可以使他们身上独特的气质传播出来，流露出文雅之士才有的魅力。这一超越了时间、超越了流行甚至超越了性别的经典品牌，无论政界、商界还是演艺圈都有其忠实拥趸，成为时尚人士最好的品位名片。

不着痕迹的优雅

Giorgio Armani

如果我们能够穿越历史，在时空的轮回中会看到1976年米兰市中心某栋大厦的工作室里，乔治·阿玛尼正在潜心思考自己将要设计的服装的风格，完全与外界隔绝。之后，当他把亲自设计的首个女装系列搬上了T台，当12位模特踩着音乐节奏款款走过时，这位大器晚成的设计师终于听到了属于他的掌声。在场的时尚记者们被眼前所见的那些线条简洁而轻盈的外衣、柔软的长裤以及像男式衬衣一样的夹克震慑了，这些向来吝于表扬的媒体人士纷纷为其献上赞美之辞，称其解放了时装，改变了时尚史。

20世纪80年代是对比鲜明的10年：既是一个消费过量的失落世界，又是一个各种新创造、新产品竞技争锋的大舞台，这10年中，意大利时装获得国际性的成功，对此做出最大贡献的设计师应首推乔治·阿玛尼。这位意大利的时尚教父不仅以他永不过时的风格享誉世界，同时也以精明的商业头脑而被世人称道，他把当初一家仅花了500英镑开设的时装公司变为今天资产过百亿的时尚王国，其覆盖的领域包括时装、配饰、眼镜、手表、化妆品、家居用品甚至汽车配件等。因此，你完全有理由设想这样一种生活：在一个春光明媚的早晨，从阿玛尼的床单上醒来，套上阿玛尼服装，喷上阿玛尼的香水，驶着阿玛尼为梅赛德斯·奔驰设计的限量版座驾去上班……

ANNA SUI
我没有发现有一种香水能充分表达出我的敏感，因此我决定开发出一种属于我自己的香水。我想要的香水能把我作品的精髓带到一个崭新的形式中——符合我的时尚感觉和生活方式的形式。
——品牌创始人　安娜·苏
Anna sui
安娜苏
ANNA SUI
Flight of Fancy

如果说阿拉丁的神灯是给那些上帝认为值得信赖、需要帮助的人们的，哈里·波特的魔法是赐给勇敢而又有梦想的少年的，那么安娜苏的香水就是献给世间那些美丽如精灵般的女孩儿的。只要经过安娜苏香水的专柜，很少有女性不被其华丽而又神秘的色彩所吸引。对于一些人来说，安娜苏香水也许会显得叛逆，显得另类，显得超脱和梦幻，然而对于那些渴望通过神奇的魔力让自己变得更有魅力的女孩来说，安娜苏的每一款香水都会带给她们惊喜。打开一瓶安娜苏香水，就如同开启了童话故事里的神秘宝盒，其香气结合了幻想和浪漫，使人沉醉其中，难以自拔。

游走于复古与奢华之间的精灵

ANNA
SUI

与众不同的眼光和独到的品位、前卫甚至叛逆的性格以及对美丽的梦想和执著，使拥有中国血统但成长于西方的萧志美成为时尚界的魔法师。身为第三代华裔移民，萧志美 1955 年生于底特律，还在小小年纪时就已经将梦想设定在时装设计上。1991 年，她终于成功举办了自己的第一场时装发布会，并于第二年在纽约成立了以“安娜苏（ANNA SUI）”为名的时装店。由于设计风格独特，萧志美两年后获得了纽约设计师协会颁发的佩里·艾力斯奖，而她的小时装店也门庭若市，吸引了年轻时尚的一族。

2008 年 9 月，安娜苏推出了“逐梦翎雀”同系列的新款香水——“迷夜翎雀”，希望通过日与夜、知性幻想与摇滚狂想这两种相异又互补的特质，鼓励那些借着“逐梦翎雀”的能量已经成功地找到心灵自由的年轻女性，再次展开一段自我探索的神奇旅程。

萧志美是一个非常有主见的设计师，她喜欢用自己的眼光来判定对时尚的取舍，时尚圈是她的梦工场，针线剪子是她的魔术棒，她用天马行空时产生的奇想创作出款款让人迷恋的时装，使 ANNA SUI 这几个字母成为仿佛被施以魔咒的流行密语。在时装界占有一席之地之后，为了让那些向往原创风格的女孩们找出专属于自己的香水，1999 年

萧志美推出了一款以品牌命名的女士香水。这款又称为“魔镜”的香水的瓶身设计摆脱了传统的模式，像一面镜子般透露着神秘。凭借这一款香水，安娜苏在香水界成为独树一帜的经典品牌。

ANNA
SUI

继1999年推出第一款香水后，萧志美在2001年推出了“甜蜜梦境（Sui Dreams）”，这款又称“手提袋”的女香同样以独特造型给人留下深刻印象，香水瓶被设计成拎包形状，从而铸就了这款梦幻香水的最引人注目之处。

一直以来，萧志美擅长从多种艺术形态中寻找灵感，她的设计大胆，毫不在意世俗的眼光，这和安娜苏香水所表现出来的叛逆性格不谋而合。继2002年的“蝶恋（Sui Love）”之后，2003年夏天萧志美又推出了第四款香水——“洋娃娃（Dolly Girl）”，其复古的娃娃头瓶身引来无数艳羡的目光。萧志美从小就喜欢为心爱的洋娃娃着装打扮，因此她十分重视这款香水。此后，又相继推出“我爱洋娃娃（Anna Sui Dolly Girl Ooh La Love）”、“度假洋娃娃（Dolly girl on the beach）”、“爱恋巴黎洋娃娃（Dolly Girl Bonjour L' Amour）”和“好莱坞巨星洋娃娃（Dolly Girl Lil' Starlet）”等系列香水，款款热卖，都创下最佳销售业绩。

安娜苏香水总是令人心情愉快，因此有人说，选择安娜苏香水相伴，就是选择梦想成真。2005年，在全球魔幻热潮的推动之下，安娜苏推出了“许愿精灵（Secret Wish）”女香，这款散发着迷人的花果香的香水让人在使用的同时可以许下最美丽的愿望，然后一边期待愿望实现，一边享受着精

安娜苏散发着甜美香味的“许愿精灵”香水是献给每个对梦幻力量深信不疑的女孩的，经三面巧妙切割的香水瓶具有湖水绿般的色彩，营造出奇幻森林的氛围，而瓶盖上的可爱的水晶球顶端端坐的精灵，其造型十分可爱。一旦水晶瓶盖被打开，奇特的花果香便会散发出来，令人回味无穷。

ANNA
SUI
Secret Wish
ANNA SUI

灵们带来的芬芳气息。一年后，“许愿精灵”的姊妹版“魔恋精灵（Secret Wish Magic Romance)”女香面世，其造型和香气同“许愿精灵”一样，不过改成了粉色系，但同样具有魔法般令人无法抗拒的魅力。

大多数人认为安娜苏是一个极具少女气质的品牌，其实成熟女人的身体中也蕴藏一颗少女的心，而能够在性感与清纯中自由游走是安娜苏这一品牌最大的特点。如2007年的“逐梦翎雀（Flight of Fancy)”和2008年的“迷夜翎雀（Night of Fancy)”这两款香水使女性在精彩的梦幻之旅体验到自我的蜕变与成长，无一不是经典之作，那若有若无的淡雅花香使女人沉浸在欢欣愉悦之中，唤起甜蜜的回忆。

在2002年春天，挟持着在亚洲超人气的魅力，安娜苏推出了旗下品牌第三款女性香水——“蝶恋”。这款香水的瓶身即是一只玻璃蝴蝶，仿佛在花间游戏。瓶中香水底部呈淡淡的橙橘色，渐渐向上反射出动人的粉桃红。这款香水的另一奇特之处是其金质的瓶盖如同蝴蝶冠冕般精致可爱。

香水是时尚必不可少的诠释语言，而华丽与颓废毫不冲突地在安娜苏的香水中并存，它就像一个游走于复古与奢华之间的精灵，不断地创制出神奇的香水，而世间的女子都可以在它的魔法世界里找到属于自己的许愿精灵。

时尚界的魔法师

ANNA SUI

萧志美女士是国际时尚界中著名的华裔设计师，喜欢她作品的人称其是一个能够将不同的时尚元素完美结合在一起的魔法师，时尚评论家则认为她是一位能够不断取得突破的创意者。和许多著名设计师一样，萧志美在童年时期就显露出了非凡的设计天分，她最喜欢做的事情之一就是为自己的玩具娃娃设计服装，为它们打扮。1991 年，萧志美发布了她的第一场服装展示会，并在短短几年后便立于时尚界的不败之地。如今，她创立的安娜苏这一品牌已经拥有服装、化妆品、香水、家居用品等系列产品，在全球不断掀起流行风潮。

设计师要成功，必须有自己的个性，这个定律早已被无数次地证明。无论是个人形象还是品牌设计，萧志美女士的风格都是非主流的。她一直留着一个经典的妹妹头，喜欢嬉皮、波西米亚风格的打扮，有时也会以梦幻甜美女孩的形象出现。1999 年，在推出自己的香水的时候，萧志美女士对采访她的媒体说："我从来就没有发现自己真正喜欢的香水，所以，我只好自己设计一款了。"这位设计师的个性由此可见。

不论何时何地，萧志美女士总会在世人的期待下，不断创造出传奇，而其推出的香水系列拥有相当惊人的拥护者。安娜苏这个香水品牌像具有魔法一般，让诸多女子为之着迷，也许唯有在属于安娜苏的魔幻之旅中，女性方能找到最真实的自我。

一直以来，安娜苏推出的香水不仅味道迷人，其香水瓶设计也总是让人惊艳。2003 年夏天推出的"洋娃娃"香水的前调是清新的水果香味，接着是一股迷人的花香中调，最后以琥珀、麝香结尾。这款香水的香水瓶是安娜苏著名的人体模型的复制品，其可爱的造型唤醒了每个女人心中童年时与喜爱的洋娃娃嬉戏时的美好记忆。

每一种艺术都有自己的表达方式，我的艺术是用香水来表达的。我要赋予香水一种诗的意境。

——伊夫·圣·洛朗

Yves Saint Laurent 圣罗兰

YSL，香水界最有名的3个字母，仿佛神奇的魔法棒，让所有拥有它的人瞬间华丽得不可方物。一直以来，圣罗兰高级香水如艺术品般完美，它用古典主义对抗平庸俗气，用细致严谨对抗轻浮浅薄，用返璞归真对抗未来虚幻，它将原始的质朴与精湛的工艺融为一体，使香水制造变成一种艺术创作。圣罗兰的香水时而甜美、时而诱惑、时而浓烈、时而清雅，其奇妙而变幻莫测的嗅觉体验蛊惑了无数世人。

适合自己的才是最好的

YVES SAINT LAURENT

在我们生活的这个时代里，没有哪个设计师的创造力能与伊夫·圣·洛朗相媲美，他于1962年创建了一个全新的时装王国——圣罗兰（品牌缩写标识为“YSL”），以鲜丽大胆的颜色、惊世骇俗的风格纵横流行舞台，弄潮时尚界，创造了无数流行趋势。伊夫·圣·洛朗对于时尚界而言，有如走在前端的先进改革分子，他善于察觉到时代的变

2002 年底面世的男香 M7 是汤姆·福特执掌圣罗兰之后首度推出的男香，也是圣罗兰的第七款香水，树立了圣罗兰在时尚世界中新的典范。这款男士香水以奢华的清新木质香调，搭配高贵的深棕色长型的水晶玻璃瓶身，为那些成熟男士增添了一丝狂放不羁。

迁，同时亦勇于挑战传统权威，他的每个设计概念都突破时代，成为照亮时装史的经典。在香水领域，他同样具有征服世间男女的神奇魔力，自 1964 年推出以其名字中第一个英文字母“Y”命名的女性香水后，从此与香水结缘。在伊夫·圣·洛朗看来，他的香水应该为人类的发展进步做出贡献，使女性得以进入一个她们早先不可能进入的广阔天地，即男性掌握权力和享有自由的天地，事实证明，他成功了，仅仅凭借一小瓶香水。“Y”香水属于精致纯净的古典香型，其香味吸引了无数年轻女性，它使香水不仅仅是用来美化女性的，同时可以使女性变得坚强，使她们有信心去实现自身的价值。

1971 年，圣罗兰推出了他的第一款男用香水——“男士（Pour Homme）”，以柠檬和香根草为基本香型，还带有橡苔树脂和优质香料的味道。从包装样式和气味上来说，这款香水充满了阳光气息，清新自然，完全没有造作之感，充分发挥了男人的自信感觉，是穿着考究、举止文雅之男士的理想用品。

对于香水瓶的设计、香味的敏感、香料的选择，圣罗兰一直都是精益求精的，这一品牌旗下的不少作品已成经典，尤其是1977年推出的形象妖艳的“鸦片（Opium）”女性香水，以其辛辣、神秘的芬芳香味被公认为东方香型的代表品牌之一，曾风靡全球，成为永恒的传奇。

30多年来，圣罗兰先后推出了“左岸（Rive Gauche）”、“科诺诗（Kouros）”、“巴黎（Paris）”、“微醉（Yvesse）”、“爵士（Jazz）”、“恋恋深情（In Love Again）、“梦幻巨星（Cinema）”等多款香水，在充满竞争的香水市场上独树一帜。比如“巴黎”女士香水诉说着时尚之都巴黎的浪漫风情的同时，还是首款金属瓶身的香水，就像独立女性的坚定意志一样，不可摧毁，此外，“爵士”男性香水是全球首款以音乐为主题的香水，而女士香水“NU”和男士香水“M7”因其各自独特的香型和性感大胆的广告宣传策略纷纷掀起抢购狂潮，延续着圣罗兰这一品牌的传奇。

一般在提到香水的味道时，我们都会想到金字塔结构的前、中、后调，但是圣罗兰对香水却有另一种诠释，即每个人对同一种味道的感觉都是不同的，所以圣罗兰的香水特别注重第一感觉。一打开圣罗兰的香水，混合前中后调的味道便会扑鼻而来，当然最明显的仍然还是前调，但是已经能闻到中后调的味道，所以使用者可以很快就知道这是不是适合自己的香味了。适合自己的才是最好的，多年来，圣罗兰本着顾客为上的宗旨，不断为香水界注入新的动力，获得了无

LE NOUVEAU PARFUM POUR FEMME

CINÉMA

YVESSAINTLAURENT

数的奖项，尽管抄袭仿冒圣罗兰设计的作品无数，而这却恰恰证明了圣罗兰这个经历时间洗礼却风采依然的悠久品牌的影响力。

凌驾于时尚之上

YVESSAINTLAURENT

伊夫·圣·洛朗1936年出生于阿尔及利亚的一个富裕的家庭，长大后只身前往时尚之都巴黎学习水彩画，不久后即转移到服装画的领域内。毕业后在时尚杂志磨练了一

大概每个女人都希望能够以最美的姿态展示在镜头前面，哪怕只有一天、一时、一刻，为了让每个女人都能圆自己的明星梦，圣罗兰特别推出了“梦幻巨星”香水，其由多种鲜花融合而成的香味艳丽、诱人，对于那些渴望光彩照人的女性来说，这款香水会让她们感觉到即使不能成为众人的焦点，但是在现实生活中她们同样可以具有独一无二的明星风采。

圣罗兰推出的“恋恋深情”这款香水的创作灵感来自伊夫·圣·洛朗先生每年亲自绘制的寄给朋友的一张贺卡。香水的前调像昙花一现，中调也不是很长久，当我们正怀疑它的留香是否像过眼云烟转瞬即逝时，它那傲慢的檀香开始弥漫出来，散发着高贵气质，令人彻底陶醉在其清爽的味道里。

年，1955 年被法国著名时装设计师克里斯蒂安·迪奥雇用，担任助理，开始展露出其过人的设计创意。1957 年克里斯蒂安·迪奥死于心脏病，年仅 21 岁的圣罗兰被选定为接班人。在次年 1 月 30 日举行的时装展览会上，他一反已成定规的紧身细腰风格，推出一种不规则四边形女装，令观众为之惊叹不已。当时的《纽约先驱论坛报》登载文章评论说，伊夫·圣·洛朗获得了“时装史上最引人注目的成就”。

伊夫·圣·洛朗擅长调整人体体型的缺陷，常将艺术、文化等多元因素融于自己的服装设计中，在创立了圣罗兰这一品牌后，他不断汲取敏锐而丰富的灵感，自始至终地让力求高级时装应该如艺术品般地完美。由于他的杰出成就，1985 年 3 月 12 日，法国总统弗兰索瓦·密特朗在爱丽舍宫亲自授予其荣誉勋位团骑士级勋章。在他的领导下，圣罗兰的版图逐渐扩大至装饰品、香水、化妆品、手表、眼镜等领域，YSL 这 3 个字母驰名于世。

YVES SAINT LAURENT

2002 年 1 月 7 日，伊夫·圣·洛朗在巴黎的圣罗兰时装公司总部举行新闻发布会，当他宣布告别近半个世纪的设计生涯时，全世

界的名媛淑女们都在哀叹上世纪的流行时尚被画上了句点。2008年6月1日，这位时尚界的传奇人物逝世于法国巴黎的家中，享年71岁。在这位伟大的设计师的丧礼上，法国总统萨科齐与第一夫人布鲁尼等各界名流纷纷出席，以示哀悼。

虽然早在20世纪90年代开始，为适应时装界的发展，圣罗兰就已经与古驰集团结盟，伊夫·圣·洛朗一手创立的品牌已然易主，在他去世不到一个月的时间里，圣罗兰美容公司又归入欧莱雅集团高档化妆品部门，但是伊夫·圣·洛朗所开创的圣罗兰时代将永远成为时尚界最经典的传奇，这位在时尚圈呼风唤雨的设计师生前曾经说过："你必须以幽默的态度看待时尚，凌驾于时尚之上，相信它足以给生活留下印记，但同时又不要笃信，这样，你才能保持自己的自由。"也许这句话是其一生创作风格的最好概括。无论未来如何发展，圣罗兰依然是时尚界最知名的品牌之一，当人们讨论起华丽与优雅，第一个想到的名字仍旧是圣罗兰。

打开众香之门的钥匙

YvesSaintLaurent

早在20世纪70年代初期，伊夫·圣·洛朗曾到中国旅行，他深深为东方风情所吸引，归国时还携带了一只鼻烟壶作为收藏。回国后当他有一天把玩着这只鼻烟壶时，突然想到，会不会有一瓶香水如同鼻烟壶般瑰丽华美，如同鼻烟壶里所装的鸦片般充满诱惑，让人上瘾，深陷其中无法自拔呢？于是，著名的"鸦片"香水诞生了。圣罗兰于1977年推出的"鸦片"香水的瓶身外形就好似一只精致华丽的鼻烟壶，雕刻着罂粟花纹，其漆饰瓶身上镶嵌着流光溢彩的金饰品

科诺诗是希腊神话中一位身强力壮的年轻神祇，酷爱玩耍，喜欢到处游历。圣罗兰于1981年推出的第一款男香即以"科诺诗"命名，其瓶身既好似希腊雅典各处神殿的砥柱，又好似一位青年男子的上半身，身材强健魁梧。而蓝色的香水则让人联想到地中海的碧海蓝天，充满无限热情。此款香水为淡果香，适合喜好运动、勇敢大胆的男士。

和晶莹碧绿的翡翠，再加上黑色的丝带，充满神秘的诱惑力。此款香水采用由西洋杉和海狸身上提取的动物之香，并加入南国的新鲜水果和着有着异国风情的香辛料融合配制而成，是东方调的经典之作。

虽然“鸦片”这个引起当时舆论轩然大波的香水名字曾经让伊夫·圣·洛朗备受指责，甚至曾有一位澳洲昆士兰的首领禁止这种香水在他的领地使用，据说是因为用了之后会像吸食鸦片一样上瘾。不过“鸦片”确实有它的魔力，正如伊夫·圣·洛朗所说，“鸦片”是打开众香之门的钥匙，是一种用了使人上瘾的香水。它将当时并不流行的东方香调引入了西方香水的世界，在20世纪七八十年代盛极一时。1995年，圣罗兰又推出“鸦片男香”，同样采用东方香型，由清新香草和辛辣炽烈林木香气融合在一起的香气别有韵味，更增添了男性的魅力。

YVES SAINT LAURENT

1999年汤姆·福特成为圣罗兰的设计总监后，经过他的诠释和包装，“鸦片”香水焕发出全新的光彩。汤姆·福特上任后的第一个大型国际广告案就选中了英国名模苏菲·达尔出演“鸦片”香水平面广告。这则广告由于模特儿全裸入镜而备受争议，如同“鸦片”香水最初面世一样，被一部分人诋毁着的同时却又被大多数人接受，而经过重新诠释、定位的“鸦片”的经典香水的地位更加稳固。2007年，圣罗兰为纪念“鸦片”香水面世30周年，推出了一款“东方鸦片中国兰限量版”香水，其香味由清新的兰花香和充满阳光气息的橙花香引入，然后是甜蜜的茉莉和香辛的石竹，最后是深沉神秘的广藿香和隐隐约约的鸢尾花香气。这款香水延续了“鸦片”的风格，使香水史上的这个经典传奇在新的时代继续流传。

1971年，圣罗兰以巴黎塞纳河左岸为灵感推出了“左岸”女香，其香水瓶身使用了蓝色、银色、黑色相间的条纹，在当时带动了同色系的衣服成为一种时尚潮流。这款香水非常适合忙碌的现代都会新女性，其甜淡的果香会让人工作起来更轻松。

图书在版编目（CIP）数据

香水／郝红梅编著.—长春：吉林人民出版社，2008.10
（环球奢侈品）
ISBN 978-7-206-05823-3

Ⅰ.香… Ⅱ.郝… Ⅲ.香水—简介—世界 Ⅳ.TQ658.1

中国版本图书馆CIP数据核字（2008）第152963号

环球奢侈品·香水

编　著：郝红梅
责任编辑：吴兰萍　　封面设计：赵兴华　　版式设计：王晓庆
吉林人民出版社出版发行（长春市人民大街7548号　邮政编码：130022）
网　址：http://www.jlpph.com/
全国新华书店经销
策划制作：远流图文工作室（024-86397099）
印　刷：沈阳美程在线印刷有限公司（024-23818009）
开　本：725mm×970mm　1/16
印　张：10　　字　数：200千字
标准书号：ISBN 978-7-206-05823-3
版　次：2009年1月第1版　　印　次：2009年1月第1次印刷
定　价：25.80元